滄海叢刊

師友風義

鄭彥棻 著

1988

東大圖書公司印行

©師友風義

作者　鄭彥棻
發行人　劉仲文
出版者　東大圖書股份有限公司
總經銷　三民書局股份有限公司
印刷所　東大圖書股份有限公司
地址／臺北市重慶南路一段六十一號二樓
郵撥／〇一〇七一七五—〇號
初版　中華民國六十七年十一月
再版　中華民國七十七年　二月
編號　E 71053
基本定價　貳元陸角柒分
行政院新聞局登記證局版臺業字第〇一九七號

前言

民國六十四年初，本局曾商請鄭彥棻先生，將他所撰關於紀念親長師友的文章，編為「景光集」出版。該書面世以來，由於內容翔實，文筆生動，博得廣大讀者之歡迎。

現在，我們又再蒐集了鄭先生近年陸續撰寫的文章多篇，並商得他的同意而付剞劂，這些文章，也都是他記述師友的風範道義和嘉言懿行，無不發乎至情至性。昔李義山哭劉蕡詩有句云：「平生風義兼師友」，現在我們也本此意，而把這書命名曰「師友風義」。至於鄭先生的文章，早為世重，用不着再在這裏介紹的了。

中華民國六十七年十一月十一日

三民書局編輯委員會謹識

師友風義目次

的門額，也是請展堂先生親題的。我們天天出入校門，接觸所及，自然更增景仰之心。後來我肄業廣東高師時，一位同班同學好友李慶棠，是展堂先生最得力的助手——李君佩（文範）先生的姪子，又是展堂先生的內兄陳協之（融）先生的女婿。我更常常從他的談話中，獲知許許多多關於展堂先生從事革命而值得敬佩的事實。但直接承教，還是這次在巴黎晉謁時爲始。

民十八年，我代表駐法總支部回國參加中國國民黨第三次全國代表大會。除在會中敬聆展堂先生的名言偉論外，還不時拜謁，承其多所指導，使我印象最深的有下列數事：

一次，同時訪謁請見的還有一位留法回國同學，他想請展堂先生介紹工作。先生囑他去見劉蘆隱，並告訴他說：薛仙舟先生昔年從美回國晉謁　國父，　國父有意請他擔任銀行要職。薛先生堅辭，說初次回國，應從低級職員做起。對薛先生的態度，展堂先生深表贊佩。這番話頗令那位請求介紹工作的同學感到侷促不安。又一次，我遇見一位求見的人是從東北來南京的，一開口便說他認識某些政要。他走了之後，展堂先生對我說，這種人是不行的。因此，我深深感到展堂先生待人處事的坦誠、認眞與正直。

我在三全大會曾提出全國統計事業的建設案。展堂先生看見了，曾對我面加嘉許。他並且告訴我說，他所主持的立法院，已經有了統計處之設，使我大爲驚奇。當時，政府行政機構，都尙未有統計部門的設置，而展堂先生却先見及此。後來我才知道，他就任立法院長時，便曾發表談話，認爲立法要注重調查統計。眞使人敬佩不已。

胡展堂先生的不朽貢獻

我第一次有機會晉謁胡展堂先生，是在民國十七年七月十四日於巴黎的一家小旅館裏面。其時正好是胡先生剛從參加法國國慶紀念會回到旅館的時候，和我同去的，還有一位旅法老同志亦即是萬花樓飯店的老板張南先生。我當時還是在法念書的一個學生，但展堂先生對我這個青年學生殷殷接談，猶如長輩對子弟一般親切。當我告辭出來時，他還在旅館之前和我合攝了一張照片。

其實展堂先生的大名，當我八、九歲時就已如雷貫耳。因爲辛亥革命，廣東光復時，他就被推爲首任都督，廣東民衆對這位開國元勳特別崇敬，鄉閭流行的「木魚書」中，也有「粵督胡漢民」之句。我因此對他早就具有深刻的印象。我十歲考入鄰鄉北滘鄉立高等小學，這所學校是由革命前輩周之貞（蘇羣）先生創辦的。他與展堂先生共同從事革命工作，至爲接近。因此，學校

百家文字先金石

彥棻大同志屬書

萬里河山在刀庭

漢民

墨遺生先民漢胡

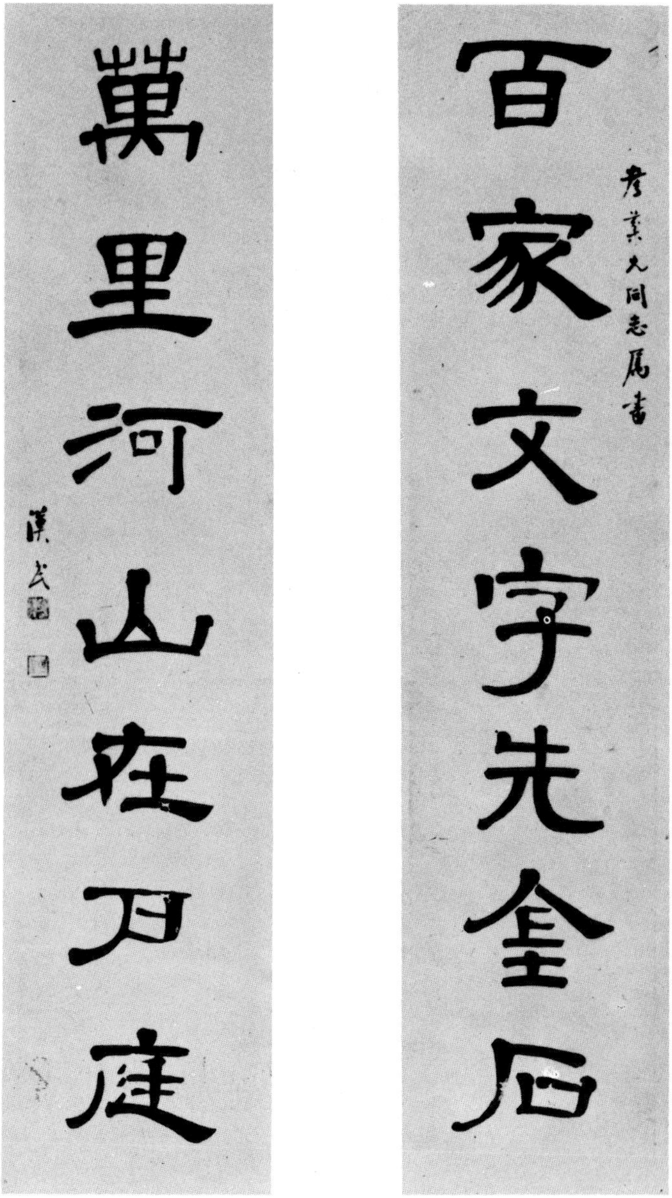

胡漢民先生（右）與胡毅生夫人（中）
胡七姑寧媛（右）合影

又有一次，展堂先生偶然問及法國合作事業的情況。我略爲陳報，並表示對我國的合作事業，深具興趣。他便立卽爲我函介於當時主持合作事業的陳果夫先生，希望我到各地去看看，並堅邀我留在國內工作。但我却因爲在歐學業尚未告一段落，乃將還想返法繼續就學之意，婉辭以謝。那年我僅爲二十七歲的青年。由此足見展堂先生對青年人的獎掖愛護，眞是無微不至。

我回到法國之後，對於展堂先生的言論，尤其是關於其對三民主義之闡揚的著作，特爲注意研讀。其後返國服務，由於職務上的關係，對其關於立法的主張與見解，尤詳爲研參。我覺得展堂先生一生對黨對國的貢獻很多，其中貢獻至大的，也就是這兩點。所以願就此略陳所見，以爲補充。

展堂先生雖然自幼便有革命思想，但直到民前七年同盟會在東京成立時，才謁見 國父，加盟入黨。此後卽追隨 國父，成爲 國父的得力助手，尤盡力於宣揚革命理論。東京民報的發刊詞便是 國父口授而由先生執筆的。他並擔任該報編輯，時撰文駁斥保皇立憲謬論，闡揚革命思想。其後雖追隨 國父奔走革命，並於民國成立後從政，但仍隨時撰文及演說，宣揚主義。尤其中華革命黨時在日主編民國雜誌；民國八、九年在滬主編建設雜誌；和淸黨時期對共產邪說的駁斥；更將三民主義理論，發揮透徹，被公認爲革命理論的中堅。

民國十六年八月，國民革命軍總司令 蔣公宣言下野。展堂先生亦辭職居滬，專心致力主義與黨務的研究。至民國十七年一月， 蔣公回京主持大計，卽電邀先生入京。先生復書中便說明：「今日最重要之任務，仍不外完成北伐與肅清共黨二事。前者弟無能爲役，而兄與諸武裝同志已優爲之。至於如何戰勝共黨，則語所謂知彼知己者，吾人似僅知彼己之病，而未熟治病之方。弟自役於南京四月，卽時時有此感覺。故數月來，摒置一切，而專注於下列三點：㈠三民主義之闡揚，㈡民衆運動之理論及其方略，㈢黨之組織與其運用。今在研究之過程中，實不敢自信其已有把握，然認爲於此時期，弟當致力與能致力於黨者，實無逾此」。旋出版「三民主義的連環性」一書。不但指出三民主義的連環性：「民族主義需要民權主義和民生主義來充實它的力量，成爲一種對世界擔負責任的民族；民權主義需要民族主義來維繫它的責任心，同時需要民生主義來推進它的實在性；民生主義需要民族主義來衝破它的前途的障礙，同時亦需要民權主義來保障它的靈活的實施」。所以，我們要「㈠實行民權主義和民生主義的民族主義；㈡實行民族主義和民生主義的民權主義；㈢實行民族主義和民權主義的民生主義」。同時，更指出三民主義的終極目的是世界大同，要「由一個民族做到共有共治共享的境界，到世界各民族做到共有共治共享的境界，由世界各民族做到共有共治共享的境界，到世界人類共有共治共享的境界。」我們要「使二十世紀在將來的歷史上爲三民主義革命開展的新世紀，而二十世紀的世界爲三民主義的世界。」對三民主義的博大精深，發揮盡致，爲當時清黨後的國民黨新生，建立了革命的理論基礎。

「三民主義的連環性」一書出版後，展堂先生便赴歐考察，半年後返國，出任立法院長，公餘仍不忘闡揚　國父遺敎。蒐集　國父生平言論著述，編成「總理全集」一書，由民智書局於十九年元旦出版。且有志手訂 國父年譜，曾公開徵集史料，惜未完編。就是他後來民國廿二年在港養病，也曾創辦三民主義月刊，致力闡揚主義。由此，我們可知展堂先生一生都從事三民主義的闡揚工作。而三民主義的理論，經過他的闡揚，也就使人有更深入更透徹的認識。他說：三民主義「與其說是思想，莫如說是力量」。對這力量的形成和壯大，展堂先生曾盡了最大的貢獻。

至於對法制的貢獻，大家都知道：民國元年 國父就任臨時大總統，便以展堂先生爲總統府秘書長。雖然臨時政府只有幾個月的時間，而且當時政局未定，自然談不上建設。但民國初立，各事均無成例。所以展堂先生當時除了襄助 國父和協調各方意見外，便致力各項典章制度的建立。這幾個月內所頒布的各項政令和所制定的各項制度，已燦然可觀，也都深富革命精神。其後袁氏專政，內戰相尋，直至民國十七年國民革命軍完成北伐，才統一中國。當時展堂先生正和孫哲生、伍梯雲、李石曾、王亮疇諸先生都在歐洲，也就是前面所說我首獲謁見展堂先生的時候。他們認爲全國既已統一，最重要的便是依照 國父遺敎，實行訓政，建立中央政制。便聯名向中央提出訓政大綱提案，包含政治會議綱領和國民政府組織綱領兩部份，其要點有三：一爲實行訓政，由中國國民黨代表全國人民行使政權，負政治的褓姆責任；二爲黨設中央政治會議，爲全國訓政之發動與指導機關，而由國民政府負執行訓政之全責；三爲國民政府分設五院，行使五權，而以國民政府爲五院滙集之總樞紐。這一提案爲當時五中全會所接受通過，展堂先生等便應邀回國。展堂先生歸國後，即發表「訓政大綱提案說明書」，說明訓政綱領及設立五院之原則與制度，其後中央卽依據展堂先生的建議，制定「中國國民黨訓政綱領」「中華民國國民政府組織法」和五院組織法，並推展堂先生爲第一任立法院院長。可見我國統一後，中央政制的建立和訓政的推行，尤其五權制度的實施，展堂先生的貢獻至大。其後雖已實行憲政，但我國的中央政制，一直是以那時候所建立的制度爲基礎而演進的。

展堂先生自民十七年十二月立法院成立時，就任第一任院長，至二十年三月離職，雖然只是兩年多時間，但許多重要法典，如民法、刑法、土地法、公司法、票據法、海商法、保險法、民事訴訟法、刑事訴訟法、地方自治法和工會法、農會法、漁會法、工廠法、礦業法、勞動法等，都在這時候制定。使我國法制燦然大備，走上民主法治的坦途，其功至不可沒。

展堂先生主持立法院時，事必躬親。林子超先生便曾說過：他「在立法院長任內，開會沒有一次不出席，在職三、四年間，從來沒有離開過南京一次」。尤其他主張三民主義立法，每立一法，必依據　國父遺教，堅守三民主義的精神和原則。他力主「立法寬，行法嚴」。曾說「予於立法見解，與前人不同。前人主張立法貴嚴，行法宜寬。予主立法宜寬，行法宜嚴，庶可由人治得到法治」。他曾說明三民主義立法方針有三：「中國經濟歷長期紛亂之餘，社會之安定，爲立法之第一方針，經濟事業之保養發展，爲第二方針，社會內各種現實利益之調節平衡，爲第三方針」。又說：「依據　總理的思想，歷史的重心在生存，生存的法則爲社會利益之互相調和，因此三民主義的立法，必須立於社會公共利益的平衡基礎上」。所以，他任內所主持的立法，無不堅守三民主義的原則和社會本位的精神，尤其是對民法的制定，他至爲重視。他曾自述參與民法的制定工作說：「過去一星期中，兄弟除上午出席旁的會議外，自星期三起，連日下午主持本院民法債編審查會議，平均自三時起至晚上十時止，並有六小時以上的審查會議，攪到晚上睡覺，便夜夜做修正條文的夢」。爲什麼這樣重視呢？因爲展堂先生認爲「公法只能解決民權主義的問題，若解決民族主義、民生主義的問題，是必須應用私法（民法）的」。他又曾解釋民法債編的立法精神，係完全依據三民主義的「王道」精神，注重弱者的保護，而不偏重保護債權。所以這一部我國有史以來的第一部民法，充分表現公平進步的精神。它的施行，無異是中國社會的一次改革。此外，如土地法的制定，就是平均地權的實施。許多有關經濟勞工法典的制定，都是把三民主義的精神，融會貫通在法典之中，而逐步求其實現。在這兩年多的期間，也就爲我國奠立了完善的法制和法治的基礎，其貢獻的偉大，是無可比擬的。

展堂先生逝世，至今年瞬已四十年，但他的革命精神和對黨國的貢獻，將永垂不朽。尤其對革命理論的闡揚和我國法制的建立，更有深遠的影響，也將永遠值得我們崇敬和景仰。

（民國六十五年二月）

展堂先生的生平及其對　國父革命思想的闡揚

胡展堂先生的一生，是革命者的典範，他在國民革命史上貢獻的偉大，地位的崇高，無待多說。我覺得他貢獻最大的，還是對國民革命思想和理論的闡揚。在革命先烈先進中，對　國父革命思想和理論體會最深的，是展堂先生，而對　國父革命思想和理論闡揚最力的，也是展堂先生。

展堂先生雖然於民前七年　國父在東京成立同盟會時，才和　國父見面，並和他的夫人陳淑子、妹寧媛一起加入同盟會。但加盟後便爲　國父所賞識，初任評議部評議員，旋任秘書，掌理機要文書。數日後，保皇派在東京舉行「戊戌庚子死事諸人紀念會」，展堂先生奉派代表同盟會參加，登壇演說三小時，以康梁同鄉地位，力斥康梁保皇和立憲派的謬誤，更斥不革命者不宜利用死人而欺騙生人。聽衆千餘人深爲折服，拍掌狂呼者再。康梁之徒皆瑟縮不敢置辯，宣布此後不再開會於東京而散。是役，博得同志的極度贊佩。其後同盟會刊行機關報，國父便採納展堂先生的意見，定名爲「民報」，並以先生爲編輯，發刊辭也是由 國父口授而先生執筆的。該報正式揭櫫民族、民權、民生三大主義，展堂先生在該報撰文，發揚三民主義思想和革命排滿的主張至力。先生原名衍鴻，漢民也就是當時開始使用的筆名。

在同盟會時期，展堂先生闡揚革命思想，最重要的便是闡發 國父的革命理論來駁斥保皇立憲的謬說。因爲當時我國知識分子羣集日本，有留學生二萬餘人。而國內禁止論政，日本便形成我國政治思想的中心。但當時留學生的思想很複雜，由於康有爲、梁啓超等先後創辦「清議報」、「新民叢報」等，肆其如簧之舌，鼓吹保皇言論，另有一部份人則主張君主立憲。同盟會雖有章炳麟、鄒容、陳天華等先後著「駁康有爲書」、「革命軍」、「警世鐘」、「猛回頭」等書，痛加駁斥，大爲風行。但這些書都着重提倡排滿，專言破壞，少談建設，還未能打破保皇立憲思想的優勢。「民報」出版後，乃積極闡揚三民主義思想和革命排滿的主張，並針對保皇立憲的謬論，與「新民叢報」展開筆戰。展堂先生所撰「民報之六大主張」、「排外與國際法」、「告非難民生主義者」、「斥新民叢報之謬妄」等文，都傳誦一時。梁啓超自知不敵，曾求和無效，「新民叢報」終告停刊，保皇言論也消聲匿跡。革命思想乃成爲當時留學生政治思想的主流。

民前五年，展堂先生隨 國父離日至南洋各地奔走，運動革命起義，仍時刻不忘闡揚革命思想，致力革命宣傳：初抵新加坡，便和當地同志籌劃創刊黨報，定名爲「中興日報」，於是年八月出版，該報發刊詞也是先生撰述的。國父抵河內後，先後發動黃岡、惠州、防城、鎮南關、欽廉、河口諸役，展堂先生則奔走各地，聯絡策應。鎮南關之役，更曾隨　國父登關發砲，參與實戰。諸役先後失敗，展堂先生於翌年七月抵新加坡，協助　國父處理善後。當時東京同志也多已入內地從事革命，革命思想已漸彌漫於國內。但南洋各地，保皇立憲的人士仍到處煽惑華僑，阻其贊成革命。國父乃命先生爲「中興日報」撰稿，與保皇黨機關報「南洋總滙報」展開筆戰，所撰「嗚呼滿洲，所謂憲法大綱」一文，傳誦一時。更由　國父口授大意，撰「立憲問題」小册，印數萬份，散布各地。又奉派爲南洋支部長，赴各地宣揚主義，指導黨務，鼓動南洋各地僑胞踴躍參加革命。所以，在開國以前，展堂先生除參加革命行動，策動各地起義外，其宣揚主義，駁斥保皇立憲謬論，以建立思想領導，鼓動風潮，造成時勢，厥功至偉。

辛亥革命武昌首義，展堂先生在西貢聞訊，卽偕一批華僑從軍青年返港，策動廣東響應。廣東光復，被推任都督，就職後卽組軍出師北伐。國父由美歐返國，展堂先生卽偕廖仲凱赴港迎候，請　國父留粵，認爲滿清之傾覆，已無問題，是爲梗者僅袁世凱耳，故應先整建革命武力，以與袁世凱一戰，始可圖革命之成功。國父則認爲時局亟待收拾，外患亦至可慮，必須先建立政府，順應人心，以期撥亂反治，而不可特重武力。展堂先生和　國父由晨至晚，再三商討。國父持之甚堅，先生也覺得所見不如　國父的遠大，乃服從　國父的主張，隨　國父同船北上。國父就臨時大總統職，乃以先生任總統府秘書長。當時民國雖已建立，革命情勢仍極複雜險惡，同志間的思想也很紛歧。尤其章炳麟倡「革命軍興，革命黨消」之說，使許多同志都渙散消極，對 國父革命建設和民生主義的主張，多表懷疑。展堂先生當時除忙於政務外，並不時對同志闡明 國父的主張，多方譬解，予以說服，如對方固執己見，則不惜與之爭辯。如宋敎仁當時力主內閣制和中央集權，先生便與之辯爭頗烈。這都可見展堂先生的忠於革命理論和 國父主張。

在南京臨時政府時期，雖然 國父於元旦就職，四月一日卽解任，只有短短的三個月期間，而當時情勢又復動亂不安。但展堂先生仍秉承 國父指示，盡力從事革新工作，一掃滿清腐敗氣習，建立民國政制。首先，他自定由秘書長至錄事，不分官級，一律月俸三十元，並由公家供給膳宿，以示平等。又下令廢除清代官場稱呼，確立公僕觀念。接着先後下令保障人權，禁止階級歧視，嚴申法紀，禁止官吏非法擾民，並禁止販賣人口，販賣「猪仔」，刑訊和體罰等，以減除人民痛苦。更盡力建立各項典章制度，無論官制、軍制、財政、司法、敎育和地方行政，都訂頒基本制度。我們看到這三個多月的開國文獻，不能不佩服這一位卅四歲的幕僚長的負責有爲和遠見卓識。其實這是因爲展堂先生對 國父的革命主張有最深切的體會，到了他從政時，便盡力推行，務求貫徹。

臨時政府解組後，展堂先生隨 國父遊歷武漢，宣揚民生主義。旋南下抵粵，粵中人士堅邀先生復任都督。先生一本 國父主張，一面反對北京政府的集權，一面在廣東積極改革，冀能成爲模範省，對澄清吏治和健全地方基層，尤全力推行。但由於外有袁世凱的挑撥破壞，內則各方意見紛歧，先生以事無可爲，乃於翌年辭職離粵，隨　國父策動二次革命。失敗後乃又隨　國父赴日，協助　國父成立中華革命黨，重整革命陣容。此時先生被任爲政治部長，職責是培育人才，籌備中央政府和規劃地方自治與建設規模，而仍以致力反袁宣傳爲主要工作。先生乃創刊「民國雜誌」，自任總編輯，撰發刊詞，並有「亡國之外債」、「強有力之政府辯」等文，以痛斥袁世凱之罪。旋爲聯絡菲律賓同志僑胞，於翌年冬奉派赴菲，在菲兩個月，奔走宣傳。不僅深得同志僑胞熱烈支持，捐款響應，菲島人士也深表同情。使黨在菲律賓組織，奠定良好基礎。

由討袁到護法，是一段漫長的歲月，也是一段艱難頓挫的歷程。袁氏死後，展堂先生一面隨國父奔走各地，要在廣州建立革命基地，一面則周旋於桂系陸榮廷和國會議員之間，備極艱苦，雖曾在廣州召開國會非常會議和組織軍政府，但終無所成。嗣民國八年春在上海舉行南北和平會議，展堂先生也是南方代表之一，他在會中秉承　國父意旨，堅持恢復國會和取消與日密約的主張。和議破裂後，先生亦辭職赴滬，隨　國父從事革命思想的闡揚。當時，由於「五四」運動的發生，青年運動勃興，　國父乃命展堂先生創辦「建設雜誌」，闡揚革命理論，領導青年思想。這期間先生的論著，益爲深入，尤其對社會改革，提出許多具體主張和理論，所撰「呂邦的羣衆心理」、「孟子與社會主義」、「考茨基底論理觀與羅列亞底倫理觀」、「階級與道德學說」諸文，均有獨到之見，亦足見其識見之淵博。在這段期間，展堂先生始終是國父最得力的助手，除奔走國事外，他所主編的「民國」和「建設」兩雜誌，對宣揚革命，振奮人心，固竭盡心力，對國父革命理論的發揚光大，也貢獻至大。

民國九年冬，國父返粵，恢復軍政府，翌年五月任非常大總統，並以展堂先生爲總參議兼文官長，於粵軍平定廣西後，卽積極籌劃北伐。不料陳烱明叛變，國父脫險抵滬後，乃決心從事黨的改組。民十二年春返粵，續行大元帥職務，更積極籌劃改組中國國民黨，於民十三年一月召開第一次全國代表大會。此次改組，對容共問題，同志意見不一。展堂先生認爲如眞正信仰三民主義，以個人名義參加，應無不可，並曾撰「中國國民黨批評之批評」一文，發表於上海國民週刊及廣州中國國民黨週刊，爲黨的改組辯解。但共黨份子加入中國國民黨後，便進行挑撥分化，將國民黨分爲左右兩派，展堂先生由於他的革命理論和經驗，自爲共黨的勁敵，列爲打擊的首要目標。國父北上時展堂先生奉命留守，代行大元帥職權。國父逝世後，展堂先生尤爲共黨所極力排擠：先策動改組國民政府，以汪精衛爲主席，解除展堂先生代行大元帥職權並兼廣東省長的職務，而使之出任外交部長。未幾，廖仲愷被刺，共黨更誣指先生涉嫌主謀。嗣雖查明無關，但却被派赴俄養病和考察。去俄半載，展堂先生考察所得，並不是蘇俄的革命經驗，而是對共產邪說的本質及其侵略陰謀，有更深切的認識。旅俄期間，他曾發表文章和談話，闡明三民主義的本質和中國國民黨的立場。更曾和蘇俄當時政要季諾維夫、史太林等相折衝，深切瞭解俄共內部的矛盾和陰謀。他回國後的報告，便一針見血的指出：「蘇俄名爲無產階級專政，其實是共產黨專政；名爲共產黨專政，其實是幹部派史太林個人專政」。

由於展堂先生對共黨的邪說和陰謀，有深徹的認識，所以在清黨期間，他成爲本黨反共理論的中堅。展堂先生於民十五年四月由俄返粵之初，爲謀對付共黨分化和破壞的策略，曾提出「黨外無黨，黨內無派」的主張，但未爲同志普遍接受，共黨更藉此益加排斥。先生乃離粵赴滬，閉戶讀書，並曾爲鄒魯校閱「廣州三月廿九日革命史」一書，交民智書局出版。嗣中國國民黨於民十六年四月在南京召開四中全會，實行清黨，定都南京，成立國民政府。展堂先生被推爲國民政府主席、中央政治委員會主席、軍事委員會常務委員和中央宣傳部長等職。先生認爲清黨最重要的還是清除共黨思想，闡揚革命理論，故對宣傳工作，全力以赴，爲文演說，日不暇輟，尤注重喚醒青年學生，南京金陵大學常爲先生演講之所，宣傳部所辦三民主義半月刊則時見先生讜論。「三民主義之認識」、「清黨的意義」、「CP的手段和策略」、「青年的煩惱和出路」、「國民黨民衆運動的理論」等文，都是這一期間的重要言論，也建立了反共的理論基礎。是年八月，先總統　蔣公爲促成寧漢合作，宣言下野。先生亦辭職居滬，更專心致力革命理論的研究，完成「三民主義的連環性」一書，對三民主義的思想體系，作更進一步的闡揚，爲國民黨的新生建立了理論基礎。翌年一月，　蔣公回京主持大計，即電邀先生入京。先生覆書說：「今日最重要之任務，仍不外完成北伐與肅清共黨二事，前者弟無能爲役，而兄與諸武裝同志已優爲之。至於如何戰勝共黨，則語所謂知彼知己者，吾人似僅知彼己之病，而未熟治病之方。弟自役於南京四月，即時時有此感覺。故數月來，摒置一切，而專注於下列三點：㈠三民主義之闡揚，㈡民衆運動之理論及其方略，㈢黨之組織及其運用。今在研究過程中，實不敢自信其已有把握，然認爲於此期間，弟當致力與能致力於黨者，實無逾此」，可見先生此時之心情及其對革命思想與理論之重視。

「三民主義的連環性」出版後，展堂先生偕孫科、伍朝樞、傅秉常諸先生赴歐考察，經南洋、中東等地抵歐。在法時，聞革命軍收復平津，全國統一，先生卽致電中央，提出「訓政大綱案」，建議實施訓政，並試行五院制，爲中央所接受。展堂先生便由歐歸國，經港時，粵省將領請先生留粵主持政治分會，爲先生所拒，對所謂「分治合作」，表示反對。抵滬後發表訓政大綱提案說明書，說明訓政綱領與五院設立之原則及其制度，旋中央通過訓政綱領及國民政府組織法，成立五院，推展堂先生爲第一任立法院院長，先生欣然就職，發表「三民主義的立法精神與立法方針」一文，主張「立法宜寬，行法宜嚴」。並闡明將以三民主義爲圖案，爲中國創造一部合於國民需要之法典。又指出三民主義的立法，必須立於社會公共利益之平衡基礎上，而「中國經歷長期紛亂之餘，社會之安定爲立法之第一方針，經濟事業之保養發展爲第二方針，社會各種現實利益之調節平衡爲第三方針」。計由民十七年十二月立法院成立起，先生主持院務至民廿年三月止，雖然僅兩年多期間，但許多重要法典，如民法、刑法、土地法、公司法、票據法、海商法、保險法、民事訴訟法、刑事訴訟法、地方自治法、工會法、農會法、漁會法、工廠法、礦業法、勞動法等，都是這時期完成，使我國法制燦然大備。而每一立法，都將三民主義的理論和精神，融會貫通於法典之中。尤其民法的制定，先生嘗講述「新民法的新精神」，認為公法「只能解決民權主義的問題，若解決民族主義、民生主義的問題，必須應用私法民法」。這新民法的制定，可說使中國社會走上一次看不見的革命，也是先生對中國社會改革的一大貢獻。

展堂先生任立法院長期間，誠如林主席子超追悼胡先生時所說：「他在立法院長任內，自始至終，沒有一次開會不出席，他住在南京，中間也沒有一次離京他往。」胡先生除致力三民主義立法外，也不時為文演說，闡揚 國父思想，並將他由民十六年起便着手蒐集的 國父生平言論著述，編輯了一本較為完整的「總理全集」，交民智書局於民十九年春出版。同時，因先生還兼任國府委員、中央常務委員、中央政治會議委員等職，對國事也多致力，尤其對國家的統一和建設，先生無不盡力。如李濟琛、李宗仁在武漢稱兵，先生便首先聲罪致討。其後，先生於民廿年春離職，嗣赴港養病。民廿二年冬閩變發生時，陳銘樞、李濟琛等原冀先生和西南將領予以支持。先生却立即聯名通電，義正詞嚴，痛予斥責。這都充分表現了展堂先生維護革命立場和國家統一的一貫精神。

展堂先生在港養病期間，仍致力革命思想和理論的闡揚，於民廿二年二月在港創辦「三民主義月刊」，作「三民主義與國民革命」一文，以代發刊詞，說明該刊宗旨在根據三民主義批評時事、評衡學術，「確信唯有三民主義，是我們一切的中心，是我們信仰的歸宿，是中國革命的道路」。同時，展堂先生自編 總理全集後，即有志手訂 總理年譜，乃在月刊登載啓事，公開徵集史料，冀「以私家之撰述，供國人之觀覽，聊矢嚮往之誠，用盡後死之責」。先生居港時，並已着手編撰，惜以多病，且人事俶擾，終未完成。而在「三民主義月刋」則時有著述，除評論時事外，如「三民主義的心物觀」等文，對三民主義的理論，作更深入的闡揚。民廿四年夏，先生出國赴歐療養，是年冬中國國民黨五屆一中全會推選先生爲中央常務委員會主席，先生於翌年一月力疾歸國，中央並派居正、葉楚傖諸先生在港迎候。先生告以卽將入京，請其先返，而在粵小留。不幸五月卽以腦溢血在粵病故。這固然是黨國的重大損失，而對革命思想和理論的闡揚，更是無可補償的重大損害。

展堂先生畢生致力革命，不斷從事革命理論的鑽研和闡揚，是爲了要建立思想領導，鼓動風潮，造成時勢。更不斷從事革命行動，在開國前奔走起義。而在革命政權建立後，他便本其對革命思想的體認，建立制度，實踐主義。如在民元任總統府秘書長，雖事僅數月，而對民國政制法制的建立，成就卓越；在粵主政時，雖環境複雜，仍力事建設，頗具貢獻；在立法院任內，對全國統一後法治基礎的建立，社會改革的推進，更有永不磨滅的貢獻。他是革命的理論家，也是革命的實行者，他對革命理論的闡揚和革命主張的奉行，是同時並進，表裏一致的，而從無個人私念，眞是革命者的典範。追懷這一位革命偉人的平生，實使人不勝崇敬和仰慕。

（民國六十七年四月）

作者（左二）與鄒魯先生（中）及李文範先生（左三）
馬超俊先生（右一）等在台中合影

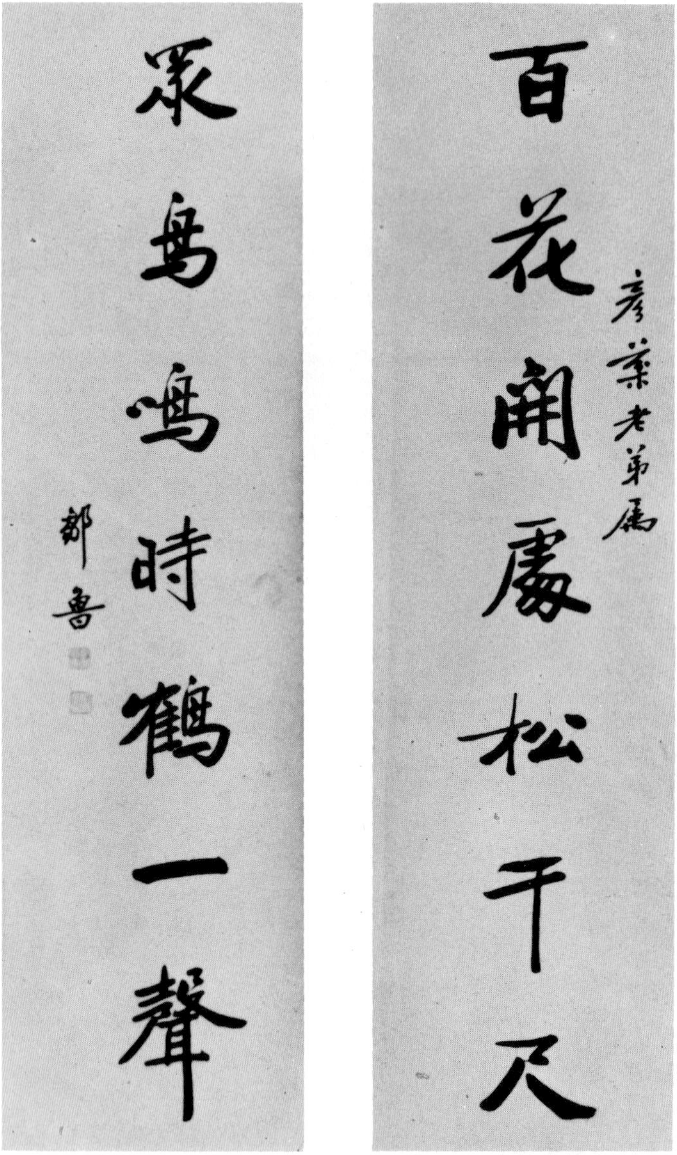
百花開處松千尺
彥棻老弟屬
眾鳥鳴時鶴一聲
鄒魯

鄒海濱先生遺墨

鄒海濱先生之生平與著述

民國六十六年農曆正月初六日（國曆二月二十三日），爲開國元勳鄒魯海濱師尊九十三歲冥壽之期。按魏書崔挺傳云：挺卒，光州門人故吏，每歲聚於城東爲祝冥壽，追奉冥福，志遺愛也。彥棻追懷師恩，永感難忘，顧思其等身著述，雖生前已分別梓行，但讀者仍以未窺全豹爲憾。用是商由中山大學校友會及三民書局，編印「鄒魯全集」共爲十册，已於去年　國父誕辰日問世。蓋亦欲以此爲　海師九十三歲冥壽之紀念，效光州之追奉冥福，以志懷思耳！

全集編印後，余曾爲文述其編印經過，對海師生前著述及出版經過，敍述甚詳，全文如次：

鄒校長海濱於民國四十三年二月十三日在臺北辭世，至今瞬已逾二十二年。

海師逝世後，我便一直想將他的生前著述，編印全集出版。這固然是爲了感激海師對我的誨導培植，但更重要的是，基於下述的理由，我覺得這是對黨對國一件義不容辭的事。

——海師是開國元勳、本黨元老，一生對黨國的勛業和貢獻，永垂史册。他的嘉言懿行，足爲後世所師法。將他的著述編印出版，可永供後人景仰和學習。

——海師是革命先進、反共先知。對革命理論，認識至深。國父演講三民主義時，奉命爲筆記之校讀者。其生平言論，闡揚革命思想，光大革命歷史，駁斥共產謬說，均至精闢。實足以弘揚革命思想，消除共產邪說。

——海師是大教育家、青年導師，一生致力教育，作育人才。對教育之理論與理想，亦多超卓之見，對青年之誘掖與培植，尤不遺餘力。平生著述至足以啓廸青年思想，弘揚教育功能。

——海師畢生效力革命，自開國至護法、北伐、抗戰以至戡亂，無役不與，並致力於革命史料之搜集與編著，爲本黨黨史之權威。其生平與著述，實爲我國近代史之珍貴史料，允宜傳世。

因此，海師逝世後，我便致力此一工作。自從民國五十九年起，更積極進行，並商得黨史史料編纂委員會之同意，着手編纂。但卒因經費和各種關係，迄未能出版。爲了希望能早日達成願望，我不能不考慮其他辦法。經多方商洽，得到國立中山大學校友會和三民書局的贊助，決定先編印海師生前刊行的著述，由國立中山大學校友會出版，三民書局發行。其餘海師尚未刊行的著述，將由中央黨史會纂編，俟編竣再續行出版。

海師生前刊行的著述至多，經多方搜集，並得孫逸仙紀念圖書館、國立中央圖書館、總統府圖書館等和海師家屬友好的協助，按其出版之先後，計有左列各種：

1.黃花崗七十二烈士事略——民國十二年民智書局出版，有 國父序。

2.紅花崗四烈士傳——民國十六年民智書局出版。

3.廣州三月二十九日革命史——民國十八年民智書局出版，廿八年一月復由商務印書館出版。四十二年三月帕米爾書店在臺出版，五十六年二月商務印書館編入人人文庫在臺出版。

4.環遊二十九國記——民國十八年世界書局出版。

5.中國國民黨黨史稿——民國十八年商務印書館出版，二十七年七月改訂由商務印書館再版，有再版自序。三十三年六月復加增補，並加列傳一篇，爲增訂三版，仍由商務印書館出版，書後有自跋。惟五十四年十月商務印書館在臺出版者，爲再版本。

6.鄒魯文存——民國十九年十月北平北華書局出版，由梅蕚主編，將 先生歷年文件言論著述彙編分爲六集，共一冊。

7.澄廬文集——民國二十三年九月國立中山大學出版部出版，由張掖主編，彙輯 先生民國二年至二十二年之言論，分上下兩冊，共七集。嗣於二十四年一月又集 先生二十三年之言論爲澄廬文集續編，民二十五年五月集 先生二十四年至二十五年五月之言論爲澄廬文集續輯二，均仍由中山大學出版部先後出版，計共文集上下兩冊、續編及續輯二各一冊，共四冊。

8. 日本對華經濟侵略史——民國二十三年國立中山大學出版部出版。

9. 中國國民黨概史——民國二十七年出版，係中國國民黨黨史稿之輯要，並加入北伐統一以至抗戰一節，各地均有印行。四十二年三月正中書局在臺編爲正中文庫第一輯出版，並由先生作臺版補記，附黨的改造的完成於其後。同年十一月正中書局另版則將改造之完成列爲一節而刪去臺版補記。

10. 澄廬詩集——民國二十八年出版，由張掖主編，輯　先生之詩至二十七年底，由　先生按其時期，自行訂定，分爲十二集，線裝精印，無版權頁，當係國立中山大學出版。

11. 舊遊新感——民國三十一年五月國民圖書社出版，係將原著環遊二十九國記摘要，並增插按語出版。

12. 二十九國遊記——民國三十二年四月商務印書館出版，係將前著環遊二十九國記，增入舊遊新感一書所增插之按語，改訂今名出版。四十年十二月復由商務印書館在臺出版。

13. 少年的回顧——民國三十二年五月獨立出版社出版。記卅歲以前事，共十節。

14. 回顧錄——民國三十三年一月獨立出版社出版，係將少年的回顧增補續寫，初記事至編輯黨史止，計兩卷二十節，全一册。嗣復經補充第二十一節至三十六節，共四卷，分上下兩册，於三十五年七月仍由獨立出版社出版，並於四十年在臺出版，六十三年七月三民書局編入三民文庫出版。

15抗建和平之我見——民國三十三年商務印書館出版，刋　先生有關抗建和平之言論提案等二十六篇，並有自序。

16我對於敎育之今昔意見——民國三十四年三月商務印書館出版，輯　先生有關敎育之言論五篇，並有自序。

17中國國民黨史略——民國三十四年三月商務印書館在渝出版，並於同年十一月在滬出版。四十年六月復在臺出版。

18澄廬文選——民國三十七年正中書局出版，由張鏡影主編，將　先生歷年之議案、論著、講演、序跋、函電、傳記、雜著選輯爲七篇，經　先生核定付梓。

除上述十八書外，海師之書畫集，計有：㈠栽蘭言歸係民國十八年在日畫蘭百幅。㈡廣州辛亥三月二十九日革命記係民國二十三年撰書之碑文，曾於二十八年七月出版，四十年九月復由商務印書館在臺出版。㈢澄廬墨蘭册係民國二十四年所繪墨蘭二十四幅，海師逝世後於五十三年二月在港出版。

上述各書，除8.日本對華經濟侵略史一書，業已失傳，遍尋不獲外，餘經搜集，愼加編審，以下列各書，均已納入或輯入他書，均可從略，以免重複。㈠黃花崗七十二烈士事略，全書均經納入廣州三月二十九日革命史。㈡鄒魯文存及澄廬文集，均係　先生未刋行專書之論著，嗣經將其中精華選入澄廬文選，並經　先生鑒定，其餘諸篇可從略。㈢環遊二十九國記及舊遊新感兩書，均經全部納入二十九國遊記，舊遊新感之付印贅言亦已見澄廬文選。㈣少年的回顧，經加增補爲回顧錄，其自序亦已見澄廬文選。㈤抗建和平之我見及我對於教育之今昔意見，前者絕大部分及後者全部，均已納入澄廬文選，兩書自序亦已列入。至書畫集以畫集重印難見其精粹，故僅輯　先生親書之廣州辛亥三月二十九日革命記碑文，以見　先生之墨寶。

此外，尚有中國國民黨黨史紀要乙書係中央黨史史料編纂委員會所纂輯，由海師董督其事，四十一年帕米爾書店在臺將其改名爲中國革命史印行，雖以海師爲著者，惟非其著述，故從略。

編印的著述決定後，當從事版本的搜集和審定，決定各書經海師生前增補修訂者，以其最後之版本爲準，其未經增補修訂重版者，則以最初之版本爲準，也就是要採用經最後增補修訂之最初版本。賴各方的協助，除二十九國遊記找不到民國三十二年的重慶版，只能找到民國四十年的臺北版外，其餘各書，都能找到最後增訂的最初版本。因此決定將海師生前刊行的著述十本，分裝十冊，先行出版，其餘未刊行的著述，容俟中央黨史會編纂後，續行出版。玆將初期出版之十冊，分別說明如次：

一、第一冊及第二冊爲回顧錄，採獨立出版社民國三十五年七月版，卽由少年的回顧一書，經兩次增訂補充後之版本，惟原書分上下兩冊。上冊刊三十六年七月初版，下冊刊三十五年七月初版，兩冊內容雖相銜接，頁數則不銜接，上冊至三二六頁止，下冊由三一七頁起，經查上冊於三十三年初版時，原爲三一六頁，下冊於三十五年初版乃由三一七頁起，嗣上册於三十六年重行排印，每頁字數較少，增多十頁，遂致不相銜接，內容則無變易。

二、第三册至第六册爲中國國民黨黨史稿，採商務印書館民國三十三年版，係增訂三版，除增列傳爲第四編外，其第一編至第三編內容亦多增補。目前坊間發售之商務印書館在臺出版者係依再版本印行，與之頗有出入。

三、第七册爲紅花崗四烈士傳、廣州三月二十九日革命史、中國國民黨史略、中國國民黨概史四書，四烈士傳採民智書局民國十六年版、三月二十九日革命史採商務印書館民國二十八年版，黨史略採商務印書館民國卅四年版，國民黨概史採正中書局民國四十二年版，均係最後之增訂版。惟廣州三月二十九日革命史第十章原刊烈士傳記五十七篇，均已列入中國國民黨黨史稿第四篇，故删去。

四、第八册爲二十九國遊記，採商務印書館四十年臺版，環遊二十九國記及舊遊新感兩書之內容，均已納入。

五、第九册爲澄廬文選，採正中書局民國三十七年版。鄒魯文存及澄廬文集兩書，均已選輯，原取材至民國三十七年止，惟 先生於民三十九年有「斥新舊三民主義謬說」一文，刊改造月刊，力斥共產邪說，爲本黨一重要文獻（見鄒魯傳），故增補於書後。

六、第十册爲澄廬詩集及親書廣州辛亥三月二十九日革命記碑文，前者採民國二十八年版，

六、後者採商務印書館四十年版。

此外，在全書之首，除本文外，特選刊海師生前玉照及書畫若干幀，以資景仰，並附刊中央黨史史料編纂委員會所編纂革命先烈先進傳所刊鄒魯傳一文，俾閱者得對海師生平先獲瞭解。

此次編印，有一重要之發現，乃目前坊間流傳之中國國民黨史稿，係民國二十七年七月之再版本，原書經海師於民國三十三年增訂，除增加列傳一編，有先烈傳記二百二十七篇外，前三編（組黨、宣傳、革命）之內容亦多增補，與原書出入頗多。此書爲本黨黨史權威著作，能將其增訂本重行出版，當可供研究黨史者之重要參考。

海師於民國十三年奉 國父命籌辦國立廣東大學，並奉派爲首任校長。嗣於 國父逝世後更名爲國立中山大學。後來他再長斯校，又籌建新校舍，遷址石牌。他是國立中山大學草創開辦和營建新址的負責人，也是首任校長和歷任校長中任期最長的校長。他對國立中山大學眞是艱難締造，費盡心力，也期望至爲殷切。現在雖以大陸淪陷，母校蒙塵。但全體校友無不深凜於母校使命的重大，也永遠懷念海師校長的盛德。現在能由校友會編印他的全集，在本年國立中山大學成立五十二週年時出版，全體校友咸深感慰。我自海師主持廣東大學前身廣東高等師範學校時，即親聆教誨。他不獨指導我的學業，也啓廸我的革命思想和介紹我參加革命組織。畢業後又承他留校服務，並選派赴法留學，後來又邀我由歐回國擔任母校法學院教授兼院長。他對我的栽培扶植，眞是無微不至，在我更是師恩深重，現在能將他的全集編印出版，我更是萬分欣慰。深願本書的出版，能使這一位對國家民族有卓越貢獻的革命偉人的思想言行，益為弘揚，永垂不朽。使當代青年能對革命歷史與革命思想有更深切的認識，共同奮起，早日完成復國建國的革命大業。

本集的出版，備承國史館黃館長季陸、中央黨史委員會蕭主任委員繼宗贊助指導，海師家屬和張鏡影先生、鍾貢勛同學等鼎力勷助，至深銘感。此外，前面已說過，各方對本書資料搜集所給予的協助，也使我們深為感謝。還有三民書局經理劉振強先生對本集的印行和國立中山大學校友會理事長董世芳同學對本集的編審，都出力至多，更是本集出版的最大助力。我願在此一併表示謝意。

全集出版後迴誦再三，益見海師生平功業，永垂不朽，至足敬佩。謹將個人所感縷述如次：

海師籍隸廣東之大埔縣。清末施行新政，廢科舉，興學校，大埔知縣亦依例設學堂於縣城崇聖祠。師肄業其中，課程除算學英文外，餘仍私塾陳規，喈書默寫而已。師極快然。會課題為「不作無益害有益，功乃成」。遂借題發揮云：「應時而興之學堂，今日喈書，明日默寫，今日作文，明日寫字。將何適應現在科學進步之世界，此卽作無益、害有益，其不能成功，與作雪人何異？」學堂主事者斥之曰：「汝以此學堂不好，汝有本事，去辦一所好的給我看！」師不以為侮，以其言有理存焉。誠以責人之短何益，胡不自設一所以去其短而實現己之理想之學堂。同學張煊極韙其意，為奔走。有自江西回鄉者，聞其事，卽首捐銀圓四枚。竟賴此戔戔之數為開辦費，並得縣紳張竹士之贊助，以其祠堂為校址，名曰「樂羣中學」，並命其弟六士為堂長。海師復敦請兼通理化普通科學之饒箸孫、楊穆如諸人主講席，復至廣州購儀器圖書，實開大埔各學堂有儀器設備之先河（見全集第一册第三節）。當時譽爲嶺東四所中學之冠。其後於羊城，鑒於潮州負笈來省者衆，均欲肄業師範而限於名額，徬徨黌牆之外。復倡設師範學堂。雖人地生疏，以其毅力熱忱感人，卒獲多助，居然於廣州出現潮嘉師範學堂。此感佩其創業精神足爲青年楷模者一也。

海師因　國父同學尢列（四大寇之一）之介，加盟革命。民國紀元前四年，清帝載湉（光緒）及太后那拉（慈禧）相繼死。人心浮動，海師與趙聲朱執信密謀於十一月二十日前舉事，預定朱執信集民軍發難，趙聲策動新軍響應，海師率譚馥帶防營馳赴支援。詎知是月十四日因發票（卽今黨證）事洩，嚴國豐葛謙譚馥死之。葛謙譚馥均未吐實情，海師得免偵騎之伺。而「三二九」廣州之役，故能辦「可報」以作宣傳。會溫生才擊斃清將軍孚琦，爲文讚溫生才之死重於泰山，致被停刊。及武昌起義未幾，廣州黨人羣起響應，清吏相率竄逃。廣東乃告光復，公推胡漢民先生任都督。時武漢在激戰中，分向各省黨軍求援。海師倡組北伐軍，都督深韙其議。推姚雨平爲廣東北伐軍總司令，海師任兵站總監，率師乘輪北上。抵南京後，雖未幾卽民國成立，惟袁世凱仍挾清帝，負嵎北方，且漢陽爲清軍攻陷。張勳復擁大軍沿津浦路來犯南京，民國局勢岌岌至危。海師與姚雨平首先督北伐軍將士，誓抱滅此朝食之決心，一捷固鎭，再捷南宿，直搗徐州．張勳潰遁。清廷見大勢已去，乃宣布退位，民國始告完成（見全集第一册第七節及第九册重修建國粤軍陣亡將士墓碑）。是民國之建立，武昌雖首義於先，而粤軍北伐實促清亡於後。于故院長右任先生於海師七旬誕辰，親撰書聯云：「開國尊元老；傳經翊聖謨」，誠非諛詞。此感佩其功在開國足爲後世景仰者二也。

國父就臨時大總統職後，海師首倡裁軍，自動裁遣粤軍於南京。國父重其功成不居，其後之被任爲潮梅軍總司令討莫，及任爲大總統特派員討陳逆者，蓋取信於此也。海師復以物望所歸，當選中華民國第一屆國會衆議院議員。會 國父薦袁世凱繼任總統職位，宋教仁先生主張內閣制。袁惡其鉗制權力，乃使武士英狙擊宋於滬寧車站。上海租界會審公堂捕獲應夔丞，並於其宅捕獲武士英，又搜獲國務總理趙秉鈞之秘書洪述祖與應往來有關謀刺密電。會審公堂將案移上海地方檢察廳偵辦。民國二年五月六日票傳趙秉鈞，竟抗不到案。海師遂提案質趙總理何以不赴滬到案受偵察，限三日內答復（見全集第九册第三頁）。質問書傳遍中外，舉世震驚，滬上外報（上海字林西報）譽爲捋虎鬚之議員。旋袁向五國銀行進行大借款，命趙秉鈞於是年四月二十六日赴滙豐銀行簽約，旨在以之爲消滅國民黨勢力之經費。參議院議長張繼，副議長王正廷整日夜守候該行前門，阻止簽約。不料趙與簽約人員微服由該行後門入內簽約後，循原路掩面遁去。海師於借約咨送國會當日，即提出彈劾。認全體國務員對大借款案均屬違法失職，責其厚息借款，浮濫開支，重人民之負擔而不恤，陷國家於破產而不顧，依臨時約法第十九條第十二款之規定，應罷免全體國務員。經一致通過成立，交付審查。而此時又簽訂中俄協約，中國不得在外蒙設官殖民，並應承認外蒙獨立。海師又提質問，斥其昧心病狂，不惟喪權辱國，且中國之權利有限，列強之貪慾無窮，恐彈指之間，瓜分之禍，不在兵戈，而在樽俎之前矣（彈劾案及質問書均見全集第九册）。袁素以暗殺爲事，海師處玆險象環生之境，置安危於不顧，仗義劾奸，視董狐之筆，椒山之疏，何多讓焉！此感佩其無畏精神足爲革命師表者三也。

洎黎元洪繼任大總統，段祺瑞任國務院總理，府院交惡。段向日本借款爲擴軍之需，日本以中國參加歐戰爲條件。段招乞丐爲「公民」，圍國會，毆出席議員，意在威脅通過參戰案。國會羣情憤激，請黎免段國務總理職。段出京後，即嗾皖系督軍宣布脫離中央。張勳乃乘機統兵入京，遽擁宣統復辟。黎避居上海，段起兵馬廠逐張勳，自稱總理。 國父通電責其藐法橫行，即率海軍南下護法。時廣東爲陸榮廷系所盤據，段祺瑞嗾使莫擎宇叛於潮梅。 國父任海師爲潮梅軍總司令討莫。所部前敵司令金國治大敗叛軍於鐵場藍關各地，潮梅指日可下。詎陸系沈鴻英宴殺金而奪其軍， 國父嚴詞責陸，陸允調走粵督陳炳焜而以莫榮新繼其任，並允將省長朱慶瀾之巡防軍二十營撥交陳炯明組成粵軍援閩。炯明自此大軍在握，竟蓄意謀叛（見全集第一册第十二節）。嗣陳奉 國父命自閩回師逐陸系，陰與北政府通款，乃於民國十一年六月十六日叛變，國父登永豐艦討之。是時，許崇智軍克福州，革命軍在南方勢力復振。奉軍張作霖派代表來謁國父，請命駐閩之許軍與駐桂之滇軍楊希閔、桂軍劉震寰分向贛湘進取武漢，奉軍南下策應。國父告以諸葛亮北伐之前，先平南蠻爲喻。遂電召海師由北京回滬，任爲大總統特派員，返粵討逆，並派鄧澤如為理財員助之。臨行，國父問曰：「授汝重任，若干時可達成任務？」對曰：「一月籌款，一月進行，二月足矣。」國父壯其言。海師乃赴香港部署軍事，以大總統名義委劉震寰為粵桂聯軍總司令，楊希閔為滇桂聯軍總司令。又授計駐梧州之粵軍陳濟棠。民國十二年元旦，楊劉分別誓師討逆，自廣西沿西江南北兩路東下。劉震寰軍及范石生所率滇軍抵梧州，陳濟棠依計佯敗退至封川下游，起而內應。都城、六步、肇慶不戰而克。雖林虎葉舉頑抗於都騎，卒被夾擊星散。師克河口，逆將楊坤如僅以身免。廣州附近，由預定之民軍，相繼並起，陳逆炯明倉皇遁惠州，為時未逾兩月也（見全集第一冊第十三節）。海師臨事思深慮密，果斷捷行，國父每畀之軍事重任，均未負其所期。此感佩其文武兼資足為後人崇敬者四也。

原蘇俄十月革命（俄曆十月係一九一七年十一月）成功，頗受列國歧視，方孤立無援之時，國父首致電祝賀。列寧感動，派專使馬林於民國十年謁 國父於桂林北伐行營。十二年一月又派越飛謁 國父於上海。共同發表宣言。中有「孫逸仙博士以為共產組織，甚至蘇維埃制度，事實上均不能引用於中國，因中國並無使此項共產制度或蘇維埃制度可以成功之情況也。此項見解，越飛君完全同感。且以為中國最要最急之問題，乃在謀民國的統一之成功，與完全國家的獨立之獲得，關於此項大事業，越飛君並告孫博士，中國當得俄國國民最摯熱之同情，且可以俄國援助為依賴也。」越飛並表示，如允許中國共產黨為國民革命效力，彼願勸彼等放棄原來主張，共事革命。中共亦懇切表示信仰三民主義，願以個人資格加入本黨。 國父本「天下為公」之義，凡願爲三民主義之實現者，無不歡迎加入，此容共之由來也。及　國父逝世，中共黨員篡黨之野心畢露。政治顧問俄共鮑羅廷利用汪精衞任政治委員會主席，於政治委員會議決制定國民政府組織法之日，卽席選汪爲國民政府主席，汪遂成鮑之傀儡。海師及林森鄧澤如諸先生見報載始知政治委員會議決成立政府，卽在中常會，向汪質問：中常會並未議決成立國民政府，何以政治委員會謂根據中央執行委員會決議成立？汪自認程序不合，以後不再如此，請中常會予以追認。鮑羅廷以是恨海師入骨。始則鮑提統一財政，以扼海師主持之國立廣東大學（後改名爲中山大學）之經費。繼則誣爲刺死廖仲凱先生之主謀，開名單交特別委員會飭人逮捕，特別委員會以無佐證拒之。先是，五卅慘案起，舉國咸忿帝國主義者之殘暴，展開打倒帝國主義運動，鮑以廖案誣海師之目的未達，乃又嗾汪向中央建議，派林森及海師率農工商學各界代表北上宣傳，實卽師曹操藉黃祖殺禰衡之故智耳（見全集第一册第十五節）。時在滬之戴傳賢葉楚傖謝持邵元冲諸先生亦洞悉共黨奸謀，共商定於十四年十一月二十三日開第一屆中央執行委員會第四次會議於北平西山碧雲寺　國父靈前。是爲「西山會議」。其重要決議如：取消共產黨在本黨之黨籍、解僱鮑羅廷、停止汪精衞黨籍及開除共產黨籍中央委員李大釗、林祖涵、毛澤東、譚平山、于樹德等，均旨在清黨，而爲慮及導致黨內分裂，乃由海師起草致廣州同志函。略謂：「自前年共黨加入以來，黨內杌陧，無日或寧，直至今日，殺機盡露，迫逐之事，層見疊出，凡此數十年革命僅存之同志，在共黨未加入前，不見離異。今則受其挑撥離間，實爲不可掩之事實。……近月以來，更不堪問。黨權不在黨部最高之中央執行委員會，政權不在最高之國民政府，悉集中於鮑羅廷之手，以政治顧問操縱政治委員會。而鮑之所有措施，須先決於共黨。與其謂共產黨加入本黨，毋寧謂本黨附屬於共黨爲眞實。此不獨本黨同志痛心，卽中外人士莫不痛惜。本黨同志若不大澈大悟，謀根本之救濟，速與共黨劃然分開，滌除盡淨，再過一年，恐青天白日旗必化爲紅色矣」。（見全集第一册第十六節）嗣廣州方面，曾有成立五院之議，邀勸海師及在滬各中委囘粤，海師堅持不清共誓不應允。其後以清黨意見一致，本黨始復歸於統一。此感佩其堅決反共足爲當世木鐸者，五也。

民國十七年，海師週遊二十九國，著二十九國遊記（見全集第八册）。囘國後，曾赴華北及日本各地盤桓多時。値日本軍閥發動九一八及一二八事變，海師乃南返，任西南執行部及政務會常委，又復任中山大學校長，因當時國人多主抗日，而中央以時機未至，對日隱忍，遂引致不滿。日本土肥原嘗游說西南，對海師言：「中央天天言對西南好，實則日日想消滅西南。口頭說對日本好，而心則無時不準備抗日。爲西南計，最好是與日本携手對中央。」因土肥原之語，海師遂悟向日對中央不滿者係出於誤會。後中央召集五全大會，戴季陶與馬星樵兩先生持 蔣公親筆函邀西南同志出席，共商國事，多主拒絕。海師力排衆議曰：「國家民族已至危急之秋，如不力求團結禦侮，決非革命黨人之行爲。況抗日救亡，中央旣已決心抗日，吾人不與之合作，曷足使全國同胞深信吾人忠於黨國乎？」毅然就道。由香港赴上海，兩地仍有同志泥之者，卒不爲所動。抵京，立謁 蔣公，得悉對日外交與軍事內情，而 蔣公正加速進行中，忻然曰，不虛此行也。 蔣公推海師任考試院長。堅辭曰：「若任院長，則西南同志將譏其爲權位而來，殊違爲團結抗日之初衷。」臨行， 蔣公笑謂之曰：「勿須顧慮時間過久，恐日人不允給我以時間矣。」及七七事變，海師嘗言， 蔣公有先見之明也(見全集第二册第二十五節)。可見其擁護 蔣公，出自至誠。近閱海師所撰「壽 蔣主席六秩大慶」一文，爲全集所未載。內云：「九一八事變後愈演愈烈，其時舉國憤激，莫不主張立與決裂， 主席知此非局部之事，國家存亡繫之，詎能任情而爲，乃屹然不動，一面隱忍，一面準備，甚至不爲人諒。及至最後關頭，斷然抗戰，縱國內戰事利鈍靡常，國際環境弛張莫測，均以不變應萬變處之，卒能與世界大戰呵成一氣，摧毀侵略國家，而吾國向爲次殖民地者，乃一躍而爲四強之一，非 主席之智仁勇兼備，烏能致此。」又云：「魯于民國之初，卽耳 主席之名， 國父與諸同志均樂道而欽佩之。當粵軍駐漳時，始與 主席共處，見其律己治事，日有常功，心益以敬。以後在粵，相處更多，居恒寡言，而言必有中，第遇國家大事，則條分縷析，莫不燭於機先，每當盤根錯節之時，更能立斷以赴事機，此所以能決大疑，定大策，具旋轉乾坤之力也。暇卽讀書，故學日廣而日新。而養生之術，尤行之有素，故精神日充，雖一日萬機而無懈。且善培植人才，羅致賢哲，以爲國用。至于人民福利與疾苦，不特時膺其懷，更勤求其隱，爲之興革。用能領導全國，完成統一，竟抗戰之大勳也。今抗戰雖告勝利，而建國尙有萬端，默察世界，陰霾仍然四布，則有賴于 主席者正多，而遐齡長享，豈僅國人所共祝，亦世界之所共祝也。」其知　蔣公之深及愛戴之篤，由此可見。此感佩其明辨是非，忠於領袖，足為國人法式者，六也。

先是，朱執信先烈死於虎門之難。海師痛友之餘，亟思完成與執信先烈所發起編纂「三二九」廣州起義之信史，慰其在天之靈。　國父知之，語海師曰：「編『三二九』革命史外，應廣徵各役革命史料編輯黨史」。並將所藏史料交付海師。民國十一年，完成「黃花崗七十二烈士事略」，並承　國父賜序。尋廣集資料，編著為「廣州三月二十九日革命史」，並另著「紅花崗四烈士傳」付梓（均見全集第七册）。至於黨史，則將已集之史料分類就緒，適　國父逝世，黨內共黨肆虐，被迫北上，時著時輟。十六年四月，南京清黨，寧滬漢黨部合一，清共之素願已達，着手編纂，昕夕無間，是年冬，稿成。胡展堂先生為之審正，海師原擬名曰中國國民黨史料。展堂先生引明史稿之例，更名為中國國民黨史稿，對其體例內容，備加贊佩。海師引以為憾者，未能於　國父生前編竣。吳稚暉先生作序。亦謂：「就歷史正確之材料，而其弊病仍有諱、飾、誣枉、誤傳、疏漏五端。　中山先生既已自傳示其不諱不飾不誣枉之楷模。復知其誤傳疏漏之不能免。又諄命海濱鄒先生徵集材料，為大規模之編纂。於是積之年載，所得綦多，整理者逾三年，用力不可謂不勤，然不敢定之為史，雖經展堂胡先生鑑別其正確，勸名為史稿，然曰料曰稿，欲出版而後，有待當世同志之批評，尚有諱、飾、誣枉否乎？有否誤傳疏漏乎？如皆得免之矣，如是而泐之為史，庶乎盡正確之能事。」由胡、吳兩先生之評鑑，知黨史稿之編次精當，有良史才；徵引詳確，有良史識；未肯率爾稱史，則有良史德。其後海師復於二十七年、三十三年兩度將原稿增訂補充，務期完善（見全集第三冊至第六冊），尤足見其對黨史之忠誠。此感佩其兼具三長，忠於歷史，足爲史家效法者七也。

跡海師生平，除革命外，極重視教育，而其動機，敍於「教育與和平」文中（見全集第九冊）。蓋其幼讀禮運篇，對於大同，不禁爲之神往。及讀弔古戰場文，其中「蒼蒼蒸民，誰無父母？提攜抱負，畏其不壽；誰無兄弟？如足如手；誰無夫婦？如賓如友；生也何恩？殺之何咎？」尤覺激動至情。因思人性本善良樂羣，何以不能四海一家？人性非好鬥，何以戰爭成爲歷史過程？縱使國內無內爭，而國際仍動干戈。所謂國際聯盟，聯合國憲章，均旨在維持均勢。一旦均勢消失，而烽煙又起。至於國際公約，操之強國手中，誠如孟子所言，「五霸假之也。」蓋此均非謀永久和平之道。而治本之方，一言以蔽之，應求全人類知識平等，故主張全人類均應受高等教育，以達智識平等爲目的。因智識不平等，顯然爲侵略戰爭之根源。如日人自認爲神之子孫，便生征服中國，統一世界之野心。德國受尼采超人哲學之影響，遂啓兩次世界大戰。倘智識平等，本人類善良樂羣之本性，自易促成各民族間互相了解，彼此團結，不相爭奪，和平共處，則天下一家，世界大同，未有不能實現者。民國二十五年出席世界大學會議，用法德英義日各國文字提「改革教育哲學基礎原理案」。而改進教育哲學，應以仁愛互助爲基礎。幼稚園及初小讀物，廢棄以鳥語獸言神怪故事爲材料，應以自然科學爲材料，增進兒童對自然界之知識。另以名人言行爲題材，灌輸兒童孝弟忠信仁愛之高尚品行。與會各國代表，對此兩案，均一致熱烈鼓掌贊成。其後世界教育會議召開於倫敦，因病雖未出席，仍將提案由張彭春代表宣讀。民國三十二年九月，向十一中全會提出「全國國民皆受高等教育原則案」（見全集第九册）。爲慮及學校與師資不敷分配，建議利用傳播工具傳播所授科目。即今日之所謂空中教學也。海師除主普及教育外，並主張教育務求實際，應與國家建設相配合，尤應深入鄉村，改進農村。曾有改革教育制度及現行學制之建議（見全集第九册），至爲具體切實。主持中山大學時，並曾令彥棻創辦鄉村服務實驗區，動員各院學生於課餘從事農村服務工作。其對教育之熱情與卓見，均非常人所能及。此感佩其遠識卓見，忠於教育，足爲後世垂範者八也。

初，海師卸討陳逆特派員職務後， 國父以廣東財政紊亂，畀以整理之責。其時廣州中等以上學校，不罷課，即停課，甚至國立廣東高等師範，亦積欠教師薪金達數月之久，陷於停頓。國父慼然，謂海師曰：「現廣東教育，不但瀕於破產，且未接受黨義，曷足以當革命策源地將來負艱鉅之革命任務。以汝之經驗才能，必克振衰起懦，刷新教育。」謙辭未獲，遂辭財政廳長，專辦教育，接長國立廣東高師。立即借款發清欠薪，並協助他校解決經費困難。於是相繼復課，絃歌不絕。民國十三年二月，奉 國父命，將廣東高師、廣東法政大學、廣東農業專門學校合組爲國立廣東大學。特約名學者顧孟餘、王世杰、馬君武、徐甘棠、任鴻雋諸教授來校，釐訂規章，均應約而至。十四年七月復將廣州公醫學校併入，增設醫科，另設附屬醫院。大學之下，設附屬師範及中學小學幼稚園。另設海外部，司選派學生留學外國。其規模之完備，國內無出其右者。時歐戰告終，廣東留歐勤工儉學者六十人，因無工資，膏火之資無源，廣大卽全部接濟，定留學額爲六十名。民國十四年，有完成學業回國者，海師繼續派吳康、劉克平、黃綺文、李佩秀（黃李係女生）及彥棻等十一名赴法留學。其培植人才之擧，令人至今稱道不絕。海師夙重身敎，住宿校內，黎明起讀，隨卽巡視上課情況，雖嚴而員生見其律己如此，亦樂而從之。旋國父逝世，共黨操縱中政會，海師被迫北上而離校。及九一八後，重長廣大，此時已易名爲中山大學。惟學院散處，管理不便。國父在時，已擇定石牌爲新址。値軍事倥偬，財政困難，無法進行建築，於是決心完成　國父遺志，訂六年計劃，分三期完成。民國二十三年秋，農工理三學院首遷新址開學，二十四年夏，文法兩院竣工，相繼遷入。而教職員學生宿舍，工廠電燈廠自來水廠蠶絲館試驗室、場，乃至牛欄、猪舍，亦莫不備。二十六年夏，天文臺體育館硏究院等先後啓用。海師嘗於第一期及第二期工程竣工先後欣然爲記，並曾吟成新校舍雜詩五十章。（新校舍記見全集第九册、雜詩見全集第十册）其秉承　國父意旨，爲黨國建校，創規模宏大之學府，實可永垂後世。此感佩其氣魄恢宏，造福學子，足垂不朽者九也。

海師生平，於革命則積極致力，於個人則心境澹泊。當其長國立中山大學時，彥棻目睹其治事之暇，手不釋卷，或臨池，或畫蘭竹以自娛。海師嘗自述學書之由來，係護法之役後，隨　國父於滬，日與胡漢民、林直勉、胡毅生諸先生相處，同臨曹全碑。胡先生工力深，得其神髓，自慚弗如。乃改臨乙瑛、華山、禮器、石門、校官各漢碑，因不專一，遂無所成。然每當橫逆之來，雜念叢生之際，則展紙揮毫，以定心猿。其作畫也，則係革命挫敗時，偵騎搜捕，伏處斗室，縱筆寫蘭，率意爲之，見者頗以爲可。自題畫蘭詩云：「我書本意造，畫蘭亦如之。莫笑野狐禪，太古誰爲師。」具見於繪事，並無師承，其創作精神迥異常人也。畫竹則始於民國十九年，與陳樹人、經亨頤兩先生蟄居天津，效其畫竹遣閒，自覺枝葉僵滯。及抗戰時居陳家橋之白鶴鄉，距陪都五十餘里，兩溪環繞，四圍聳翠，每値黃昏，千百白鶴，八方飛至，羣集林中，飛鳴上下，片片白影，映於藍天，綴成畫圖，橫生雅趣，而白鶴鄉之名昉於此也。屋之四週，千竿竹蔭，滿池荷香。月明之夜，靜觀竹影婆娑，頓悟筆意須凌空瀟脫，灑落出塵，超以象外，悠然渾成。於是所畫之竹，自具風格，不蹈俗躅（墨寶及蘭竹均見全集篇首）。師之心靈手敏，出自天賦，不特繪事，詩文亦然。文則尙義理而疏宕有奇氣，詩則崇空靈而沉鬱露至情。因積健於內，遂盎然於外，雖雅不欲以三絕名世，而得其片紙，誦其四韻者，無不嘖嘖稱善。此感佩其閒居澹泊，寧靜致遠，足勵末俗者十也。

綜此十感，師之一生功業，足爲世法。海師逝世後，彥棻曾撰「恩重如山懷海師」（見景光集），以誌懷慕之情。茲因編印全集，倍增堯羹舜牆之慕思，恍如耳提面命之在昔。爰仿書後之體，藉抒景行之思耳！

（民國六十六年三月）

海老的教育思想與反共鬪爭

鄒海濱先生是我的老師。他畢生致力國民革命，對黨國的勛業和貢獻，永垂史册，爲舉世所共知。但最使我感動的，還是他一生從事教育，作育人才和培育青年，不遺餘力，對教育的理論和實際，都有不朽的貢獻。他不愧爲一個傑出的教育家和教育學家。

海師是反共的先知，也爲舉世所共知。而他的反共思想固由於他對三民主義的信仰，也是基於他的教育哲學思想。他認爲共產邪說違反人性，提倡階級鬥爭，使人類自相殘殺，終必同歸於盡，故反共係基於理性。而反共最根本最有效的方法，也要從教育入手。以仁愛互助爲教育哲學基礎，並實現知識平等，才可以消滅共產邪說，實現世界永久和平。

海師自小便熱心教育。他家境清寒，但父母極力鼓勵他讀書，多方誘導，使他具有強烈的求知慾，因之對教育有無比濃厚的興趣。十九歲那年，他由韓山書院轉去大埔縣新創辦的新式學堂去讀書，因爲不滿意仍採用背書默書寫字等舊館的教學方法，在作文中偶加批評，被教師斥責說：「你說這學校不好，你有本事去辦一個好的給我看」。他受責之後，便決心和同學張煊倡辦學堂。鄉人聽說他們兩個青年人要辦學校，都認爲怪事。但海師却不顧一切，努力奔走。結果：得到一個舊同學的哥哥捐了四塊錢作開辦費，又得到各方支持幫忙，終於創辦了樂羣中學，在翌年春季開學，還附設了一個小學（註一）。

海師在初試辦學成功以後，他自己却去另一同學在家鄉所辦的樂育小學任敎。敎了一年後，雖然學校和學生都挽留他繼續任敎，還有些學校爭著出高薪延聘他去擔任敎席，他自己却決心向上求學，辭却一切聘書，到廣州讀書。到了廣州，原想投考師範學堂，不料當時却沒有師範學堂可考，只有澳門有一間師範學堂，却又辦得糟透。於是海師又決志在廣州倡辦師範學堂。他自己也說：「說來也許可笑，我是一個小縣生長的人，廣州是一個初遊的省城，人生地疏，毫無憑藉，竟倡議辦師範學堂，談何容易」（註二）。但是他絕不氣餒，本着滿腔熱情和勇氣，四處奔走，請求人家幫忙。首先把他自己從家裏帶來準備作一年讀書和生活費用的一百二十多塊錢作開辦費，經過一個多月的努力，終於創辦了潮嘉師範學堂。海師於事成後，仍本初衷，先後考取了理化研究所和法政學堂去就讀。

海師曾說：「自從四塊錢辦成了樂羣中學，一百多塊錢創立了潮嘉師範，我眞覺得世上並無難事，而拿破崙所說他的字典裏沒有『難』字，的確不是誇言；只要認定目標，埋頭苦幹，沒有不成功的道理。」（註三）我覺得海師辦學的成功，固然是他的勇氣和毅力過人，更重要的還是由於他對敎育的那一份狂熱和執着，才能使他衝破一切困難而有志竟成。

但是，海師辦學的最大成就還是奉　國父之命，創辦國立廣東大學，也就是後來的國立中山大學。當時，　國父在平定陳炯明之亂後，於民國十二年春回到廣州，以廣東爲革命根據地積極整理軍事政治，重振革命陣容。而當時的中等以上學校因爲經費困難，大都陷於停頓。海師原任廣東財政廳長。　國父乃將廣東高等師範學校改爲國立高等師範學校，並命他出任校長，賦予整頓敎育重任。翌年春，廣東局勢稍定。　國父決心將革命事業從頭做起，一面改組中國國民黨，重建革命組織；一面創立黃埔軍校和廣東大學，培養文武革命幹部。　國父在中國國民黨第一次全國代表大會開會期中，一面派總統　蔣公籌辦黃埔軍校，一面派海師將當時廣東的三間專科以上學校——國立高等師範學校、廣東公立法科大學和廣東公立農業專門學校合併創辦國立廣東大學，以海師爲籌備主任，接管三校，儘速籌備成立。

海師籌辦國立廣東大學，自然和私人辦學不同，無須奔走籌款，但却須具有遠大的規模和理想，任務益爲艱巨。他更深知　國父要創辦該校寄意的深遠和期望的殷切。所以，奉准成立籌備處後，便延聘了胡漢民、汪精衞、廖仲愷、馬君武、孫科、胡適、蔣夢麟、王世杰、吳敬恒、李石曾、顧孟餘、王星拱、郭秉文、任鴻雋等卅五人爲籌備員，包羅了當時的革命先進和學術界知名之士，眞是極一時之選。並按週舉行籌備會議，審議各項章則，又將議案分寄各籌備員簽註意見，至爲認眞審愼。而籌備工作中，最重要的：一是經費的籌措。當時政府財政尚未上軌道，海師爲確保學校經費來源，乃呈准 國父指撥一部分捐稅爲獨立經費。二是校舍的籌劃。因爲原來三校各別分離，且都在市區，不宜濬修，海師乃呈准 國父指定石牌爲新校址，先在當地開闢農場，建校工作則直到民國廿一年海師重長該校時才認眞進行。三是釐訂各科系課程，延聘教授，充實設備。當時決定學校分設預科和本科，本科則分文、理、法、農、工五科，還附設附屬師範、附屬中學、附屬小學和幼稚園。海師在籌備會議下分設預科、文科、法科、理科、農科、工科六個委員會，分別延聘專家學者組成，研訂各科系課程和所需要的師資與設備。爲了延攬人才和充實設備，他還特派易培基爲駐北京代表，負責禮聘北方學者和就近採購教材。其後段祺瑞組織政府，要找國民黨的人參加，還因此以易培基爲教育總長。

由上述籌備工作，可見海師籌辦廣東大學時規模的遠大和籌劃的認眞，所以各項工作進行都很順利。是年六月， 國父乃正式任命海師爲國立廣東大學校長，同時進行招生，除在廣東招考外，並在北京、武昌、上海、南京、濟南、山西、湖南、福建等地，委託國立北京大學等校代辦招生，故錄取各生，遍及全國。是年九月，正式開學上課，全校各科及附屬學校學生共達二千餘人。此外，還以里昂中法大學海外部爲廣東大學海外部之一，由學校保送學生前往就讀。翌年，國父逝世，爲了紀念 國父，國立廣東大學乃遵照中央決議，改名爲國立中山大學。

海師籌辦中山大學，由接管三校到招生開課，翌年又歸併廣東公立醫科大學，增設醫科，這只是創校的第一階段工作。民國十四年九月，海師因反共被鮑羅廷等排擠離粵北上，旋於十一月在北京西山舉行西山會議，乃解除校長職務。直至九一八事變後，海師回粵任西南執行部和西南政務委員會常務委員，於民國廿一年二月重任國立中山大學校長，乃開始第二階段的建校工作。當時海師除了整頓學風、加強師資、提倡研究、充實設備外，還先後將理工學院分爲理學院和工學院，添設各系，並增設研究院和師範學院，又先後接收了廣東通志館、兩廣地質調查所和歸併國立廣東法科學院、省立勷勤大學工學院兩院，並添設土壤調查所、稻作研究所、民衆法律顧問處、經濟調查處和鄉村服務實驗區等，使中山大學規模益爲宏大，並使學校與社會密切聯繫。而最重要的還是石牌新校舍的建築。

上面已說過，海師在籌辦廣東大學之初，便奉准擇定石牌爲新校址，但只先成立了一個農場，從事墾殖，而對校舍的建築，則徒有計劃，始終沒有着手進行。海師重行長校，乃決心建築新校舍，爲中山大學奠定永久基礎，並且要規模宏遠偉大，媲美世界各國。但經費浩大，在當時國家正財政困難，負擔不易。海師乃擬訂六年建設計劃，以兩年爲一期，預備分三期完成。第一期工程於民國廿二年三月開始，所需費用二百萬元，而當時可靠的款項只有十萬元。但海師認爲只要有決心，埋頭苦幹，一切困難自可克服。後來得各界和僑胞捐款，並得財政部撥款，果能如期完成。民國廿三年秋便先將農工理三學院先遷入新校開課。第二期工程預算三百萬元，投標僅需二百四十餘萬元，原可樂觀，但結果預算的收入得不到半數，而工程費則臨時多有增加。海師曾說：「當時焦頭爛額的情形，眞非筆墨所能形容。我曾對學生說，爲了籌款，除沒有叫人爸爸和向人叩頭之外，可說一切都已做到。」（註四）後來，還是靠各方捐款和銀行貸款，才勉渡難關。而這期工程於廿四年秋完工，文法兩學院遷入新址，使建校工作粗具規模。國內外人士來校參觀，對校舍規模之偉大、營構之精良，莫不交口讚譽。至第三期工程，則在進行中尚未全部完工，卽值抗戰爆發，學校被迫西遷，遂告停頓。致海師的建校計劃未能全部實現，至可惋惜。

海師的建校工作，還有一項重要的計劃，就是爲了實行生產教育，並謀學校自給自足，他在面積四萬餘畝的校址中，除了建築物外，都開闢爲農場、林場、菓園、花圃和畜牧場，從事農作、園藝和畜牧等生產事業。預計若干年後除供給全校需要外，其收益卽可維持學校經費。這一計劃雖後來因爲校址淪陷而未觀厥成，但這些構想，充分表現海師的熱心興學，不但是對教育有無比的熱情和興趣，而且對教育懷有崇高的理想、信仰和抱負。

海師除熱心興學辦學外，他自己對從事教書工作也具有高度的熱忱。他的一生，除了從事革命，擔任黨政工作，並編纂黨史外，便都從事教書工作。他創辦樂羣中學成功後，第一件工作，就是應聘在樂育小學任教。在那裏教了一年書，他便開始獻身革命。翌年他爲求深造，去廣州就讀法政學堂，更進一步積極參加革命工作。而他在法政學堂畢業後的第一件工作，也就是應聘到粵商自治會去教書。半年後，諮議局成立，他應丘倉海先生之邀去擔任書記，仍兼自治會教席。後來丘倉海先生兼任兩廣方言學堂監督，又要他去教國際公法、財政、經濟等科，每週廿多小時。這時他一身三職而兩任教席。直到辛亥三月廿九日黃花岡之役將要發難，海師忙於奔走革命，並要創辦「可報」，才辭去這些職務。嗣黃花岡之役失敗，海師乃離粵逃港。但未幾卽武昌起義，民國建立。所以，海師在民元以前，可說除了奔走革命外，一直都從事教育工作。

民前一年，廣東光復後，胡漢民先生任都督，以丘倉海先生爲教育部長，旋各省推派代表到南京籌商組織政府，丘先生被推爲代表。這時海師也回到廣州，丘先生原屬意海師繼任廣東教育部長，胡先生也力予敦促。但海師因爲要參加革命行動，組織北伐軍北上，乃堅決辭謝，並荐葉夏聲自代。而海師則出任北伐軍兵站總監。此後便一直爲革命而奔走，參與討袁、護法、討陳等役。如此，雖然對國家有更大的貢獻，但却因此而暫時離開教育崗位。直到民國十二年十一月才又出任國立廣東高等師範學校校長，旋卽奉命籌辦國立廣東大學。

海師自民十二年十一月主持廣東高師以及創辦廣東大學，（後改稱中山大學），至民十四年九月被排擠離校。嗣再於民國廿一年二月重長該校，直至民國廿九年六月因病滯渝，不能回校主持，才辭去校長職務。計海師主持該校，前後達十一年之久，在海師教育生涯中，以這一段期間爲最長。而該校自創辦以至大陸淪陷，廿五年的歷史中，也以海師主持校務的期間爲最長。在民國十四年九月海師離粵，旋赴北京參加西山會議，至民國廿一年返粵重長中山大學的期間，海師雖離開教育崗位，對教育仍極重視。他在民國十七年曾出國環遊世界，經過三大洋、九大海、四大洲和廿九國，歸國後曾著廿九國遊記。他說：「我長廣東大學時，擬往各國調查教育，一切都準備就緒，又因忙於清黨工作，復告中止」（註五）。所以，他在各國，除遊覽考察外，對各國教育，特別注意，曾參觀各級學校達七十六所。在參觀各校時，「不但詳細詢問學校的行政系統、組織狀況、經費來源、教職員的待遇和人數、學生的費用和人數、圖書儀器設備的情形、男女同校的利弊以及學生畢業後的出路等等，還注意每一個學校的特點。我對於一個城市或全國的教育制度和情形，尤爲留心。所以參觀市政廳的時候，我常常和教育局的主持人詳談，遇見教育界重要人物的時候，就詢問有關的種種教育問題」（註六）。所以，他這次環遊世界，也可說是一次環球教育考察。環遊歸來，他在上海一面編輯黨史，一面創辦中華法政大學，繼續從事教育工作。到黨史稿完成後，離滬赴寧，才告終止。

海師的教育生涯，無論是做小學教員或大學校長，都非常認眞，尤注重對學生的教誨，眞是諄諄善誘，誨人不倦。他在樂育小學任教時，當時課程並沒有什麼標準，課程由教師自定，課本也由教師自編，而海師在功課之餘，還「教學生做各種工作，小如剪貼紙花，大則平地種菜，並且依照他們的勤惰，各別給與分數，與操行分數同等看待」（註七）。所以深受學生和家長愛戴。在粵商自治會任教時，學生都是各商店的經理和店員，對海師也非常愛戴。後來新軍革命起義失敗，也是由海師商請粵商自治會出面營救。主持廣東高師時，海師原任財政廳長，奉命後卽辭去廳長職務，搬進學校居住。每日黎明卽起，早點後，便到校內各處巡視，每日不止一次，對學生生活，校務實況，至爲關心。後來創辦中山大學和兩度長校，其精神也始終如一。民國廿四年我回校服務時，海師對該年度的新生，由九月一日起至十七日止，便作了七次的講話。（註八）

海師從事教育工作當中，尤其注意對青年的培植和拔擢。他在學校中，總隨時和學生接近，瞭解學生的情況，並不時約談。在晤對時，往往從日常生活，談到學業、思想和做人做事的道理，態度非常和藹親切，使學生如坐春風，毫無侷促不安之感。而他也就利用考查晤談的機會，留意各人的性向，隨時予以拔擢和培植。我個人便是一個顯例。海師接長廣東高師時，我正在該校肄業，即將畢業。最初聽說海師來長校，老實說，當時我的感覺正和許多同學一樣，對一位原任財政廳長來主辦大學教育，總感到有點疑惑。但海師接事後，即到校住宿，和全校師生共同生活，並喜歡和同學接近，便改變了我們的觀感。後來他不時約我談話，使我得益很多，有時還撿贈一些書刊給我研讀，我也由此對革命思想有進一步的認識，後來便由海師介紹參加中國國民黨。翌夏畢業，每班選派畢業生兩人赴日考察，我也入選，當時雖然很高興，但對畢業後的工作，還不知如何進行。不料由日本歸國時，海師早已發聘要我留校任附屬小學訓育主任。在服務期間，海師又給我很多教誨和督導。一年後，海師已離校赴滬。因爲法國里昂中法大學爲廣東大學海外部之一，有留學名額待補。海師特在滬電粵建議學校選派教授一人、學生十一人赴法進修，其中也有我的名字，事前我是一無所知的。後來北上辦理出國手續，海師在滬，雖然正處逆境，非常艱困，但看到我們却很高興，還特地和我們一起去杭州旅行。臨別又贈詩寄意，並要我們將剛出版的三民主義大字本隨帶出國，隨時研讀。後來我在日內瓦國際聯盟秘書廳服務，於民國廿二年休假回國。海師時已重長母校，便要我回校服務。我因爲只是回國休假，不能不回國聯去，只好婉辭。到民國二十四年海師又來電要我回校任法學院敎授兼院長。我遵命辭職歸國，海師便派劉敎授克平到香港接我，對我非常禮遇。而在我服務期間，對我的督責指導，更是無微不至，此後我在國內服務，無論在那一方面，海師都給我不斷的指導。他對後進的愛護和培植，眞是備極熱誠、殷勤和周到，感人至深。而我個人只是其中的一個例子而已。

海師旣對敎育有無比的熱情和興趣，而又不斷致力興辦學校和從事敎育工作，對敎育自有深切的硏究和體驗，形成他的敎育思想和敎育主張，都非常超卓和切合實際需要。他自民國十七年環遊世界考察各國敎育歸來，更認爲我國敎育非徹底改革不可。在民國二十一年返粵重長中山大學時，便草擬了一個方案，向西南政務委員會建議，設立西南改革敎育委員會，從事敎育改革，民國二十五他去德國參加世界大學會議時，更提出「改革敎育哲學基礎原理案」，引起各國敎育學者的一致重視和贊成。民國三十一、二年間，抗戰勝利在望，他又曾提出戰後和平原則和全國國民皆受高等敎育的主張，建議中央採擇。在這些意見和主張中，充分表現了他敎育思想的偉大深遠，重要者有左列各點：

第一、他認爲敎育應培養國民的愛國觀念和做人觀念。他主張愛國敎育與人格敎育，而反對殖民地敎育。他曾說：「兄弟對於敎育的見解，在未出國前是一種觀念，出國以後，又是一種觀念。在未出國以前，我常以爲中國的敎育如能普及，便可以救中國的，殊不知出國以後，深覺得中國以前的敎育，如能普及的話，不見得能救國。何以呢？因爲以前中國的敎育，染了殖民地敎育的色彩，往往一個人進了學校以後，便有兩種的搖動：一是對國家觀念，二是做人觀念」(註九)。所以，他強調民族精神教育，要培養國民的國家觀念和倫理觀念。他主張以三民主義爲教育中心，訓練學生的行爲思想，但應將三民主義之眞理，納入各項科學中融成一片，而不要使之單獨成爲一部門，與一切科學漠不相關。他說：「美國教育家杜威氏嘗謂：『道德一科，不應與其他各科相分離，學校中各科目，實與道德密相連結而有不可分之關係』。余對於三民主義之意見，亦正如此」(註十)。這些意見，至今仍值得我們深切注意。

第二、他認爲教育應注重實用。他主張實科教育與職業教育，而反對升學教育。當時大學教育文法科畸形發達，理工農醫等科則顯被輕視。他認爲至可憂慮，力倡救國之道，當注重實科教育，更提倡職業教育。他指出我國教育的毛病幾全爲升學教育：「學校所授的功課與個人環境是不能適應的。中學畢業生是不肯到鄉間服務，大學畢業生更不用說了。往往小學畢業就成了小流氓，中學畢業就成爲中等流氓，大學畢業就成爲高等流氓」，而「外國的教育制度是小學有初等的職業教育，中學有中等的職業教育，高等也有高等的職業教育。所以其國民在求學的時候，有力量升學的，入升學教育，無的，入職業教育。在學校畢了業，馬上在社會就有獨立生活技能。像這樣的教育，才是興國的教育」(註十一)。他還主張教育應適應地方環境的需要。嘗舉法國南方的大學有研究葡萄的一科、意大利米蘭大學有研究絲織的一科爲例。認爲這樣教育才能和環境相適應。他曾擬具具體的計劃和方案，提請西南教育改革委員會推行。

第三、他認爲教育要把理論與實際聯結起來，學校與社會必須合爲一體。他教導學生要在理論方面去認識實際，更須在實際方面去反證理論。他說：「比如各位在法學院的，天天講法律，天天講政治。法律講自治，我們如何適用到學生自治宿舍自治起來，政治講組織，我們如何適用到學生組織員生組織起來，經濟講解決生活，我們如何適用到解決學生生活學校生活起來」（註十二）。而學校與社會合一，他認爲要做到「學校所造就之人才，直接供給社會，社會所需要的人才，直接因諸學校，……社會即是學校，學校可成爲眞正改進社會之策源地」（註十三）。他在中山大學時，便曾設置土壤調查所、稻作試驗場、蠶絲研究所、經濟調查處、民衆法律顧問處等。並曾命我主辦鄉村服務實驗區，鼓勵各院系學生到學校附近各鄉村，各本所學去爲民衆展開農作、園藝、醫療、衞生、水利、合作和辦夜校、讀書報等項服務，使學校和鄉村打成一片。

第四、他主張生產教育，認爲教育應注重培養國民的生產技能和勞動習慣，使每一個人都成爲社會生產份子。而且學校應由消費而轉入生產之地位。他說：「例如學農業者，學生均須親自耕種，以增加實際經驗，並有實物成績，使普通農民信服改良耕種法之功效，又賴生產之收入，以實現自給自足，或竟生利補助其他學校之經費。學水產者，亦須沿海捕魚，製成罐頭食物或其他產品，銷行於市。即大學中之學地質者，可實地調查地質。依此類推，結果學識經驗，俱能增進，將素來消費之學校，一變而爲生產之機關」（註十四）。他籌建中山大學新校舍時，便除建築物外，廣闢農場林場，並從事畜牧園藝等。他說：「預計五年後，有收益者，可得五十萬株，每年每株以一元計，則年可得五十萬元。十年後三百萬株皆有收益，每年每株以一元計，則年可得三百餘萬元，畜牧園藝，尙不與焉。蓋欲使向來消費之教育，化爲生產之教育，此後理工醫各科，亦將分門計劃，達此目的，則是魯多年來之教育主張也」（註十五）。所以，他又曾賦詩寄意：「植菓培林費苦心，他時結果悉黃金，欲將教育成生產，我抱情懷不自今」（註十六）。

此外，海師對我國學制的改革、廢除寒暑假以縮短修業年限，延長義務教育年限至全國國民皆受高等教育和對課程的修訂、教材的編審、各科書籍的編譯等，都有很超卓和具體的主張，充分顯示他的教育思想富有革命性和實用性。

海師對教育理論最大的貢獻，還是他的仁愛互助的教育哲學思想，和由教育實現世界和平的主張。他在民國二十五年赴德國海德堡大學參加世界大學會議時，在國內本已擬定對大會的提案，並譯成英德文。但到德後，看到德國正加緊備戰。到海德堡大學之日，又有納粹黨徒搶殺猶太籍名教授事件。而當時蘇俄共產極權的血腥統治和侵略野心，亦爲世人所共見。他認爲這種人食人的情形，非急謀根本挽救不可，而欲根本挽救，又非從改革教育哲學入手不爲功，便另外起草了一個新提案，名曰：「改革教育哲學基礎原理案」。其要點謂：「教育的目的是要謀求人類的幸福，現在的教育完全違反了這個目的，做了侵略家的工具，此係由於向來教育哲學基礎根據物競天擇及階級鬥爭之學說所使然。現在要改造消滅人類的教育，一定要從改造教育哲學的基礎入手，就是要把仁愛的學說，來代替物競天擇的學說，把互助的學說，來代替階級鬥爭的學說，把這個仁愛和互助的學說來做教育哲學的基礎，復利用現在一天天進步的科學來從事生產和分配。這一來，人類都慈祥愷悌，沒有殺戮的禍害，這才是我們教育的目的，也就是我們教育家的責任」（註十七）。這一提案，贏得各國出席代表的熱烈贊成，大會閉會時，也公推海師代表三十餘國出席代表致閉會辭。其後並由海德堡大學贈與名譽法學博士學位。

海師的仁愛和互助的教育哲學，實源自 國父的民生哲學，以仁愛與互助爲人類的特性，也是人類進化的原動力。所以要求人類進化，必須由教育入手，發揚人性，才可以消滅共產極權，也才可以建立世界永久和平。因此，抗戰末期，海師便向民國三十一年十一月的國民黨五屆十中全會，提出「擬訂戰後和平原則，以奠定世界永久和平案」。民國三十二年三月，海師在大公報發表「戰後和平之我見」一文。同年九月又向國民黨五屆十一中全會提出「全國國民皆受高等教育原則案」，十一月出版「抗建和平之我見」一書，翌年發表「教育與和平」一文，並出版「我對於教育之今昔意見」一書（註十八）。在這些提案論文和書序中，海師除認爲戰後應消滅戰勝國戰敗國的觀念及地域的區分，建立各國絕對平等的國際組織，共維世界和平，並消除民族歧視，促進國際經濟合作，使野心家無從施其挑撥離間之故技。此外，尤強調仁愛互助的教育哲學，認爲「戰爭乃國際社會中之惡疾，全賴於教育能改變其教育哲學基礎，始能望其消滅」（註十九）。他主張要使全國國民皆受高等教育。認爲欲求消滅吾國獨立生存與全人類自由平等之危機，「其根本辦法厥爲使全國國民皆有享受高等教育之同等機會」（註二十），並提出具體辦法，認爲只要決心推行，各項困難均可克服，而且主張應由中國推行於全世界。認爲知識不平等是戰爭根源之一，只有知識平等，才能實現眞正和平。所以，「根本之圖，尤在將一切人類，皆使其能得到高等教育，如是知識已平等，則政治上技術上皆可做到平等，既無人敢以優秀種族自居來侵略人，亦無人居於劣等種族爲人侵略。加以將教育哲學基礎改爲仁愛互助，使人類只知相親相愛，再無復有侵略的觀念，不特可以改革國際上的政治，且能夠改革全人類的思想，世界和平皆以永賴，世界大同如是實現」（註廿一）。

由上所述，可知海師不僅是教育家，也是教育學家和教育哲學家。他對教育的理想和抱負之偉大，至足敬佩。尤其重讀他在抗戰勝利前所發表的主張，回顧戰後三十餘年世局的演變，對海師當年的高瞻遠矚的睿智和卓見，更使人不勝感慨。戰後三十餘年來世局的動亂和國難的嚴重，都是由於共產極權的擴張與侵略，要重建我國的自由獨立和世界和平，都必須根本消滅共產邪說和暴行。關於這一點，海師更是先知先覺，他首倡反共，揭發共黨陰謀，展開反共鬥爭，而且他認爲反共必須團結青年，並從教育入手，防杜共產思想毒素，尤須發揚仁愛互助的教育哲學，根本消除共產邪說，才能實現世界和平。

大家都知道：海師在西山會議，首先揭櫫反共大纛，而事實上，自中國國民黨改組後，海師在粵便從事最艱苦的反共鬥爭。當時海師奉命籌辦廣東大學並任校長，而在黨改組後，又被選爲中央執行委員並奉派爲青年部長。由於 國父容許共產黨員以個人資格，參加國民黨，而這些共產黨員加入國民黨後，便假借名義，陰謀活動。當時改組後的中央執行委員會所屬的組織部、工人部、農民部等都爲共產黨所把持，海師主持青年部，自然堅持國民黨的立場，當時共產黨在各校有「新學生社」的外圍組織，非常活動，用盡種種方法吸誘優秀份子參加，引入左傾迷途。海師便在各校物色忠貞同志，秘密聯絡，建立黨的組織，而由海師和各校中堅份子組織執行委員會，負責聯絡指揮。此外，還有「民權社」和「民社」兩個反共的組織，專和「新學生社」對抗。當時的中堅分子大多是我的同學，現在還在臺灣和海外的，如陸宗騏、黃炳坤、李悅義、曹婉珍、余祖明、余日焜等人，他們都深知鬥爭的激烈和艱苦情況。當時廣州學生聯合會原爲共黨所操縱。海師便要各校同志先健全各校學生會，清除共黨份子，然後改組全市學聯，贏得勝利。共黨又派人到全省各縣去組織縣學生會，要成立省學聯會來奪回領導權。海師便派人到各縣與之抗爭。後來召開省學聯代表大會，共黨雖盡力破壞搗亂，其陰謀終未得逞。

國父逝世後，共黨更爲猖獗。但青年方面，由於海師的立場堅定，領導得法，使其難獲進展。所以當時共黨的秘密報告中，曾有「組織完全成功，工農大半成功，學生成績甚少」的話(註廿二)。因此，共黨份子自然視海師爲眼中釘，極力攻擊排斥，一些共黨份子還在書報發表文字，攻擊廣東大學爲「反革命大本營」、「廣東大學不革命」。其實他們所說的「反革命」、「不革命」，就是反共。可見當時廣東大學已成爲反共的大本營。而海師由教育入手，團結青年和學生從事反共鬥爭的艱苦和成功，也由此可見。

當時，鮑羅廷在粵，暗中操縱黨政，並利用汪精衞等，來擴張共黨的勢力。看到海師堅決反共，自然如芒刺在骨，片刻難安，首先利用造謠中傷的陰謀，加海師以不革命反革命的罪名，想迫他自動離開廣大。繼則提議取消廣大獨立經費，想用間接方法，迫海師離校，但都沒成功。後來廖仲愷被刺案發生，鮑羅廷便想出斬草除根的毒計，要以莫須有的罪名，將海師和胡漢民、鄧澤如、謝持等人一起拿辦，也未得逞（註廿三），自然更對海師恨之入骨。而海師在這樣的情況下，其處境的艱困險危，也可想而知。但海師的反共，是由於他的革命思想和堅定信仰，自不會因環境的艱危而有絲毫動搖。後來，鮑羅廷終於利用五卅慘案後全國反帝國主義的高潮，要中央派海師和林森先生率領各界代表北上宣傳，將海師排擠離粵。而海師因為推動全國反帝運動，確是當時的革命要務，且當時廣州中央黨部已被共黨把持，也須和各地同志，共商清黨救黨。因此便於民國十四年九月離粵，嗣於十一月聯同中央執監委員林森、居正、覃振、石瑛、謝持、張繼諸先生在北京西山 國父靈前，舉行第一屆中央執行委員會第四次全體會議，也就是「西山會議」。

由上所述，可知西山會議不是海師反共行動的開始，而是他堅持革命信仰，從事反共鬥爭的持續。而海師的反共思想，固源自他對三民主義的信仰，也由於他的教育思想，他要以仁愛互助的教育哲學來改革教育，從根本上消滅階級鬥爭的邪說來建立世界永久和平的主張，尤其值得我們深切體會。

總統　蔣公曾說：「革命的精神是要有革命哲學來做基礎的，有哲學基礎的人，就一定是有肯定的思想，亦就一定有中心信仰的人」。海師因爲有革命和教育哲學基礎，所以有教育的中心思想和革命的中心信仰，因此能堅持反共，始終不渝。當前的反共復國戰爭本質上是思想鬥爭。在此勝利在望的關鍵時刻，憶念海師的教育思想和反共鬥爭，我們應該怎樣加強反共思想教育，使人人都有堅定的中心信仰，共同發揚人性，消滅共產邪說來完成復國建國大業，這是我們共同的責任。

註一　見回顧錄、鄒魯全集㈠第一五頁。

註二　見回顧錄、鄒魯全集㈠第二〇頁。

註三　見回顧錄、鄒魯全集㈠第二三頁。

註四　見回顧錄、鄒魯全集㈡第四一二頁。

註五　見回顧錄、鄒魯全集㈠第二一五頁。

註六　見回顧錄、鄒魯全集㈠第二六六頁。

註七　見回顧錄、鄒魯全集㈠第一七頁。

註八　對中山大學二十四年度新生七次講話的訓詞見澄盧文選、鄒魯全集㈨第一九七頁至二四三頁。

註　九　見「改革現行教育制度」講詞、鄒魯全集㈨第一五七頁。

註　十　見「改革現行學制之商榷」、鄒魯全集㈨第一八二頁。

註十一　見「改革現行教育制度」講詞、鄒魯全集㈨第一五八頁至一六〇頁。

註十二　見「研究學問的精神」講詞、鄒魯全集㈨第二二五頁。

註十三　見「全國國民皆受高等教育原則案」、鄒魯全集㈨第五〇頁。

註十四　見「全國國民皆受高等教育原則案」、鄒魯全集㈨第五〇頁。

註十五　見「國立中山大學新校舍記」、鄒魯全集㈨第三九四頁。

註十六　見「國立中山大學新校雜詩」、鄒魯全集㈩卷七第三二頁。

註十七　見回顧錄、鄒魯全集㈩第四六八頁至四六九頁。

註十八　上述各案文及兩書自序均見澄盧文選、鄒魯全集㈨第四二、四七、一二二、三一〇、三一四等頁。

註十九　見「擬訂戰後和平原則以奠立世界永久和平案」、鄒魯全集㈨第四六頁。

註二十　見「全國國民皆受高等教育原則案」、鄒魯全集㈨第四八頁。

註廿一　見「抗建和平之我見」自序、鄒魯全集㈨第三二頁。

註廿二　見回顧錄、鄒魯全集㈨第一六七頁。

註廿三　經過見回顧錄、鄒魯全集㈨第一六九頁至一七五頁。

（民國六十七年二月）

法學碩儒王亮老

王寵惠（亮疇）先生，是我國外交界的耆宿，憲政史上的功臣，也是國際知名的法學家。民國肇建，國父膺選臨時大總統，亮老即首任外交總長，以後歷任司法總長、外交部長，及司法院長等要職，翊贊中樞，勳隆望重，並曾膺選爲國立中央研究院院士、國際法庭法官。其學養之淵粹與謀國的忠誠，世人共仰。我於亮老生前，曾屢承教誨，對這位一代法學碩儒，久深崇敬。玆值亮老逝世二十週年，特追述所感，以誌懷思。

亮老天資聰穎，又復好學，天津北洋大學法科畢業後，歷赴日美英德法諸國留學。在美國得有耶魯大學民法博士學位，在英國考取律師資格，在德國曾被選爲柏林比較法學會會員，在法國曾應法國大理院之請，在該院作學術演講。二十七歲在德國留學時，曾將德國民法典譯成英文出版，其譯文遠勝於當時英美學者之譯本，而爲英美各大學所採用。譯本上的按語，且曾被英國法

院在判案時引爲判例，可見亮老在法學界的成就，早已見重於中外，其語文造詣，也不同凡響，所以卒能成爲一位「學貫中西，譽滿國際」的法學家。

亮老是黨國先進，早年卽服膺　國父的革命主張。在日本留學時，聞知　國父在橫濱，卽前往謁見，相與縱談革命事業。適值當時東京各報，刋載清廷擬將廣東省割讓與外國的消息，亮老和留日粵籍學生，都大爲憤怒，遂與馮斯欒、鄭貫一、馮自由等發起廣東獨立協會，主張廣東獨立，以對抗清廷。愛國華僑，聞風響應，紛紛入會，儼然形成一革命外圍組織。國父對亮老這種積極而勇敢的行動，大爲贊許。

後來，亮老又與沈翔雲、戢翼翬、馮自由、秦力山等創辦國民報，鼓吹民族大義，猛烈抨擊清政，對留學界的革命思潮和革命力量之推展與加強，均有貢獻，可惜後來該報因經費短絀而停刋。不久，亮老也由東京轉學美國加省大學和耶魯大學，專攻法學。

民前八年（一九〇四年），國父抵紐約時，曾約亮老至寓所，商談革命進行計畫，同時決定發表對外宣言，藉以爭取國際人士對中國革命之同情，亮老受命草擬，其標題爲「中國問題之眞解決」（*The True Solution of the Chinese Question*），主旨在指明清廷腐敗無能，我國革命勢在必行，提醒外人勿助桀爲虐。此後，在歐洲留學時，亮老也曾奉　國父之囑，協助籌款和積極介紹留學生加入同盟會，以壯大海外革命勢力，故亮老在留學期中，卽以實際行動，勷助革命，充分表現其「讀書不忘救國」的精神。

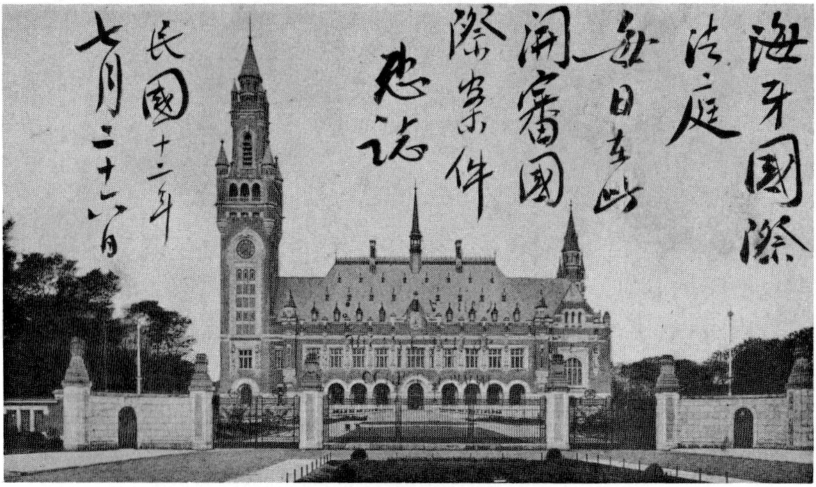
海牙國際
法庭
每日在此
開審國
際案件
亮誌
民國十二年

亮老婚前寄給朱學勤女士之親書明信片

王寵惠先生民國二十年八月攝于海牙

國父在亮老留學期間，經常予以學費的資助。對這種作法有少數同志不無意見，可是 國父並未因此而中止，同時也曉喻大衆說：「培植一個國際知名的法學家，其重要且過於十萬雄師。」由這件事看來，我們不惟想見 國父對亮老的愛才之切與器許之重，也從而體會到 國父對「知識卽力量」及「革命基礎在於高深的學問」的一貫看法。後來亮老學成返國，翊贊中樞，畢生奉獻黨國的表現，確實無負於 國父對他的培成與期望。

亮老在辛亥年初秋，由歐洲學成回國。不久，武昌起義，亮老卽留上海勷助革命，應都督陳其美之聘，受任顧問之職。南京光復後，革命黨召集各省代表，在武昌議決「臨時政府組織大綱」二十一條，設大總統、行政各部及參議院，分掌全國行政立法之職權。當時亮老亦被推爲廣東省代表，並與其他各省代表選舉 國父爲臨時大總統。 國父就職後，組織臨時政府，卽以外交部總長一職（組織大綱則稱爲部長），倚重亮老，他雖經一再力辭，並建議由民軍議和代表伍廷芳博士擔任，但 國父不允所請，而且還很明確的對他說：「革命外交，非君莫屬」，可見國父倚畀之殷。亮老掌理臨時政府外交，雖甚短暫，但能迅速開啓各國相繼承認與合作之途，使開國之基，奠如磐石，貢獻至大。

亮老曾多次參加國際重要會議，折衝樽俎，爲國家挽回不少權益。如民國十年十一月，與施肇基、顧維鈞等出席華盛頓九國會議，達成與會各國簽訂公約，促使各國尊重中國之主權獨立，領土及行政的完整。又如民國二十六年，我對日抗戰軍興之初，亮老出任外交部長，並一度以兼

院長 蔣公因公離京，代行行政院院長職務。數載之中，國際局勢，紛紜幻變，肆應多艱。然亮老均能本着既定的外交政策，周旋於各國之間，積極推動國際間對日本軍閥的集體制裁，以爭取各國予我道義援助，增強抗戰力量，並致力廢除各國對我的不平等條約，他的勞績，實至偉大。亮老在「抗戰以來我國之外交」一文中曾說：「對於五年來對日抗戰，我外交上之努力，始終抱定一個目的，那就是要抵抗侵略，維護民族生存，保障國際法紀，並謀樹立世界永久和平。」接着在結論中說：「我國古語有云：『天作孽，猶可違；自作孽，不可活。』又云：『多行不義，必自斃。』，其殆侵略者之歸宿乎！侵略者之潰敗，僅爲一時間問題，我盟國最後勝利之到來，可以操其左券矣。其次，在華外人之特權，各同盟國多已自動宣告放棄。我 國父領導全國，爭取自由獨立，以及廢除不平等條約之志願，於以實現。但吾人於興奮之餘，尙應時加惕勵，良以百年束縛，解於一旦，此後有待於吾人努力者，固不僅外交一端。」他的目光如此深遠，令人崇敬！

民國三十一年二月，亮老奉命隨同 蔣委員長訪問印度，以調處英印糾紛，而利抗戰。同年六月奉 蔣委員長之命研擬太平洋大憲章。民國三十二年七月，隨同 蔣委員長參加開羅三巨頭會議，贊襄大計。同年九月，又奉 蔣公之命，爲養成法治精神，以建立司法制度而研擬施行辦法。及 蔣公手著「中國之命運」一書出版後，亮老主持該書之英譯工作。根據浦薛鳳兄憶述：「自始卽一字一句完全由亮公親自迻譯，由予從旁協助。……計約五十日，往往竟日從事，足不出戶……，此中致力之勤與苦心之費，有非言語所能形容者，亦非局外人所能想像者。」其忠勤爲國，敬業認眞之精神，遠非常人所可及。民國三十四年三月，出席聯合國大會，至三十五年九月，亮老以患高血壓病，上書 蔣公懇辭國防最高委員會秘書長職， 蔣公親批「懇切慰留」，並復電略謂，國大開會在邇，一切大計正賴老成碩學共資商討，務望勿萌高蹈，善爲調養，繼續匡襄，至所企幸等語。及亮老不幸於民國四十七年三月十五日積勞病逝，總統 蔣公特予明令褒揚，表彰亮老受 國父特達之知，獻身革命，開國後久贊中樞，夙彰功烈。並特派大員治喪，以示崇報耆勳。出殯之日， 蔣公偕夫人復親臨弔祭，備極哀榮。證諸以上多端，足見亮老深獲 蔣公的倚重。

在司法方面，亮老曾多次膺任要職，如民初任職北京政府的司法總長；民國十六年七月，國民政府成立，出任司法部長；民國十七年十月，國民政府改組，行五院制，任司法院長；民國三十七年六月，爲行憲後第一任司法院長，迄四十七年逝世爲止。此外，亮老並曾任海牙國際法庭法官，在其任職期間，對國際糾紛之審處，無不適當公平，所作判詞，所引事例，皆至精確，各國法學家、政治家對其淹博精湛的學識，無不深致敬佩。

亮老對我國憲政制度及司法興革，都有不可磨滅的貢獻：就國家根本法方面來說，如國民政府組織法、訓政時期約法，及現行中華民國憲法之草擬，均提供甚多寶貴的意見。在司法興革方面，諸如上海法權的收回，領事裁判權的廢止，民刑法的修訂，法院的普設，及司法人員的訓練，也都盡了很大的心力。政府遷臺後，力疾從公，共赴國難，弘揚法治，貢獻尤大，如憲法解釋制度的樹立即是憲政史上的一件大事。以司法院大法官會議，行使憲法解釋權，是亮老的一貫主張，也由其親自主持大法官會議而樹立此一制度的楷模。他曾說：「憲法之解釋，不能純從抽象觀念上着想，國家狀態、社會情形等，皆可視爲解釋憲法所應注意之因素。」我國現行憲法，得以適應時代與國情，貫徹實施，有賴於憲法之合法解釋者至多，而亮老率先主張及主持之功，實不可沒。

我與亮老初次見面，記得是在民國十八年，中國國民黨在南京召開第三次全國代表大會的時候，當時我係駐法總支部推選出的代表，返國參加會議，在會議期間和亮老時有晤面，但尚無緣深談。至民國二十年，我在瑞士日內瓦國際聯盟秘書廳服務，而亮老早在民國十一年便在國際常設法庭任候補法官（開庭審案由正式法官十一人出席，如有缺席時，則由候補法官補上），民國十九年膺選正式法官。翌年（一九三一年）六月，亮老由國內取道日內瓦往海牙，因此，我有機會前往他的住處拜訪致候。當時相見的情形，可引用「他鄉遇故知」這句話，來形容那時候我內心的感受。以「故知」來比擬亮老對我的關係，雖不甚妥切，可是以我個人的感受來說，却是相當適合。因爲我個人早已對這位同鄉前輩——亮老的聲望和學術地位，衷心傾慕，在中國國民黨三全大會相敍後，斯時斯地能有機會再聆教益，眞摯情感的流露，是很自然的事。那時，我對亮老印象最深刻的是，他那種平實沖和的學者風範，沒有半點官僚氣派的味道，特別是對我這年齡比他小一半的後輩，還是那麼謙和，單就這一點，已使我非常感動而難以忘懷了。

亮老躋身國際法壇，爲國人博得無上光榮，他不僅提高了我國在國聯的地位，同時也改善了國際人士對我國的態度，我個人此時正在國聯服務，對此自然是知見較切，也感受最深。

亮老任職國際法庭法官，前後五年，迄一九三六年始離職返國。在其任職期間，我曾到海牙旅行，特專誠前往謁候，他和我見面，暢談一切，還特別帶我參觀國際法庭，一一解說，使我獲益良多。當天晚上，他邀我同到館子吃飯，那是一家廣東飯店，亮老點了幾樣家常可口的菜，其中有一樣是「鹹魚蒸肉餅」。他說：「這是最實惠而好吃的」，我們邊吃邊談，非常親切，無形之間，體會到亮老雖然盛年早達，名滿天下，而又確實是一位率眞儉樸，悃愊肫摯的長者，使我益增無限的感動與敬佩。飯後回到他的寓邸，我看到屋裏堆滿了古今中外的典籍，和各種最新的報刊雜誌，使我更確認他眞是一位好學不倦的典型學者。

民國二十五年，我應母校中山大學鄒校長海濱先生之聘，辭去國聯職務，回國任該校教授兼法學院院長。亮老也是在這一年辭去國際法庭法官，回國再度出任要職，襄贊中樞。記得我回國後首次與亮老會晤，是在抗戰時期，當時政府已由武漢遷到重慶，我那時除在國際反侵略會中國分會服務外，還兼任中央訓練團的工作。我在訓練團初期擔任訓育幹事，負責學員輔導工作，從第四期起，奉派爲該團教育委員會的主任秘書，該會是主管教務和訓育的，負責課程的安排，講師和訓育幹事的遴聘等工作。亮老曾於民國二十八年應聘來團講述「五權憲法」，以灌輸學員的憲法知識。當他抵團時，我以職務上的關係，懇切的予以接待，亮老却絕不以長者自居，和藹可親，自然，我也是他的聽衆之一。

亮老在講述中，首先強調五權憲法是 國父在世界憲政史上的創制。這種創制可分爲兩大部分：一是基本理論的確立，一是具體方案的擬訂。前者爲原則，後者爲施行，遺教中着重闡明原理，至於如何施行，則尙未盡發揮，所以實施設計，是全黨同志無可諉卸的責任。其次是強調五權憲法與三民主義的關係之重要。五權憲法是實現三民主義的根本大法，兩者密切而不可分，完成其全體大用。要徹底瞭解五權憲法的眞諦，必須先硏究三民主義的民權主義，而民權主義的精義，卽政權與治權的分開，政權是人民管理監督政府之權，治權是政府敷施治理之權，「權」在人民，「能」在政府，兩者必須界劃淸楚，確保平衡，於是國事之治理，始能發揮最大效能，而民權亦始能保持穩固而充分之發展。其三是說明五權分立的精義，是在以我國「考試」及「監察」兩權之長，補外國三權政治之短。其四是說明五權間的相互關係，以發揮 國父「分立之中，仍相聯屬，不致孤立」的精義。亮老認爲五權相互關係遠較三權複雜，除三權間的三種關係外，五權間還有七種新關係，它的作用是濟三權制度下選舉及代議制度之窮，以爲樹立全民政治之基礎。最後，亮老在結論中強調，分縣自治是五權憲法的重心，也是實現全民政治的必要因素，無全民政治，則雖有五權分立，國民大會，亦未由舉主權在民之實，因此，建國應加速完成分縣自治。亮老這一番精闢的講述，使學員們都對五權憲法有更深一層的認識。我對五權憲法的加強研究與專注，也可以說是由於亮老這次講述所給予的啓示和鼓勵。

民國三十五年五月，政府還都南京，同年十一月十五日召開制憲國民大會。亮老時任國防最高委員會秘書長，並當選為國大代表，參與憲法草案之擬訂與審議，我也是制憲代表之一，曾被推為第六審查委員會的召集人，每於審查案件，時常得到亮老的指導和提示；所以在制憲期間，與亮老的接觸機會較多，親睹亮老在制憲過程中的辛勞，同時也體會到亮老在政治協商會議所定的原則下，從事擬訂憲法草案的苦心和智慧。

我國現行憲法是在民國三十五年十二月二十五日，由國民大會三讀通過的，並於三十六年元旦由國民政府明令公布，定於十二月二十五日開始施行。行憲後，第一屆國民大會，則於三十七年三月二十九日在南京召開。主席 蔣公致開幕詞，說明這次集會，為中國有史以來劃時代之大事，中華民國憲法，係血淚凝成之結晶，悉力戡亂，即所以保障憲法成功。因當時共匪叛亂日益擴大，有識者深感憲法上應賦予政府有發揮能力的因應措施，以適應時勢需要，故多建議修改憲法。惟憲法頒布施行伊始，如不旋踵而即加修正，亦殊不妥。此問題，不僅舉世矚目，且亦造成國民大會莫大的困擾。我當時擔任本黨中央黨部副秘書長，參與各項籌備工作，黨部對於修憲的問題，也曾多次開會磋商。結果，採納亮老的構想，那就是不修改憲法條文，而制訂臨時條款，在臨時條款中，予政府臨時應變的權力。亮老比喻憲法為正式房屋，臨時條款，則為正式房屋外臨時建築的附屬房屋，可視需要隨時拆除或修改，而不影響正式房屋的完整。臨時條款僅為應付戡亂時期之需要，一俟戡亂時期終了，卽告廢止，而凍結的憲法條文，當自動恢復其效力。大家對亮老的構想，都認爲是最好的辦法，旋經擬具草案提出國民大會，依修憲程序三讀通過，訂定「動員戡亂時期臨時條款」，於同年五月十日公布施行。自是以後，國民大會於四十九年、五十五年、六十一年，迭有修增，以應事實需要，而宏憲法功能。由此看來，亮老對制憲、議憲及行憲的各階段工作中，都貢獻了藎籌碩畫，其嘉謨遠猷，自當永垂靑史。

亮老爲我國行憲後第一任司法院長，任職期間，我曾多次向他請教有關五權憲法的問題，他雖表示謙虛，但仍樂予指示。我又曾將所寫「五權憲法要義」稿本，以後學的心情，親自向他請求教正。亮老表示樂於接受後，我便將稿留下而別。不數日乃蒙約談，他對我稿中所作五權相互間十種關係的圖解，頗加讚許，認爲富有意義。此外，對若干見解，亦多勉勵之詞，這都是我受之有愧的。尤其亮老在給我指示講解之時，其言詞親切，情若師生，彷彿像我在求學時和指導老師接觸時的情景一樣，更使我永難忘懷。

亮老一生在法學界，蜚聲中外，對黨國方面的貢獻，國人共仰，已如前述。其他的嘉言懿行，足爲後世效法者，亦復不少。我最近訪候亮老夫人朱學勤女士，談及亮老生前種種，承王夫人檢取亮老遺留的部份文物見示，我敬覽之餘，覺得這許多珍貴的資料，似不應僅傳爲一家之寶，經徵得夫人同意後，謹再撮舉二三事，以公諸世人：

一、伉儷情深，訓子有方：亮老病逝於民國四十七年三月十五日，迄今二十週年了，王夫人到現在還存有很多封亮老在婚前及婚後寄給她的信。其中早期的，有民國十二年七月二十六日寄自海牙，及民國十四年八月二十七日寄自法國斯特拉茲堡(*Stras bourg*)的風景明信片。這些小印刷品，能保存越半世紀之久，可以想見其伉儷感情，是如何之深，而王夫人懷念亮老之情，是如何之篤。亮老生前也是同樣的篤愛夫人，關於這點，我們可從亮老遺存的摘記簿看出來。在這小册子上，記載有與夫人的訂婚日期是民國十一年十二月十六日，及夫人與公子的陽曆和陰曆的生辰日期，並在夫人生辰下還加註他倆的結婚日期，是民國十六年十一月十七日。從他們訂婚至結婚，相距達五年之久，別時常通音問，更可見其伉儷情感是如何的誠篤而歷久不渝。

說到訓子方面，亮老在寫給他的兒子大閎兄的信中，曾一再希望大閎長大要成爲有用的人，而且要成爲一個好人。他信上說：「……余所最希望者，望汝長大不獨成一有用之人，且成一好人。欲成一好人，每星期日，須讀聖經一段。蓋聖經爲家人三代所遵守，汝爲第四代，亦應遵守，庶無負祖宗之遺訓。課餘亦應閱曾文正公家書，是爲至要……」，這說明亮老訓子，是基於敬天教孝，而歸於不忘本的。另有一英文函則是告知其子參加慶祝國慶情形及兩週內修改完成「蔣總統小傳」的英文本，語極慈愛，亦足見其父子之情是何等親切。

二、處大事公爾忘私，治小事細密不遺：在遺存的函件中，有前駐英鄭天錫大使給他的一封信，查告有關亮老任職海牙國際法庭法官的實際年資，是四年零八個月半，距請領退休金給付所需五年年資的規定，僅相差數月。亮老不計這數月之差，寧願放棄鉅額的退休金與薪給，而毅然辭去國際法官之職，兼程返國效命。他深知當時（民國二十五年）國內西南與中央間因意見紛歧，隨時可以觸發動亂，而自忖對雙方都有深厚的關係，尤與胡漢民先生的私誼最篤，因此不惜犧牲自己的利益，回國奔走斡旋，冀能化危爲安，促成團結；這種愛國忘我，不私一己的精神，實非常人所能及。

遺存雜件中，有一九五六年備忘日記一本，這本小册子，是亮老逝世前二年所用，當時亮老體力漸衰，但册中所寫的，無論是中文或英文，筆畫都端正清晰，凡已辦畢的事，均以紅鉛筆勾銷，而親友的通訊處，也都按姓氏英文字母依次排列登記，若有變動，就在上面用紅筆劃除，再另記新址。在日記小册子中，有「四月二十四日下午五時入臺大醫院」，「八月四日上午九時出臺大醫院」，「在醫院共一〇二日」等等記載，從上面這些小事，都可以看出亮老治事細密不遺。

三、治學重考證，批評富幽默：在遺存文件中，曾記下張溥泉先生日記一段，略記　國父於一九一〇年十二月二十九日，在巴黎同他與張氏尋訪印度革命黨員 *Shyamji Krishnavarna* 的事。國父年譜中，對此事也有記載，不過它僅記該印人爲「印度社會學」之編輯，亮老爲求更詳備，特爲之補充說明此印人爲印度社會學家，並以英文加註「尼赫魯，於一九二六年曾遇之於日內瓦」之語，並附註尼赫魯自傳第二二頁至二三頁和第一四八頁至一四九頁裏，載有此事，以及該自傳是一九三九年在倫敦出版的。又亮老對　國父在倫敦中國使館蒙難的有關檔案及當時的英文偵探報告，也曾想盡方法，託友人鈔寄。後復自己親到該館攝取　國父蒙難所居房子的室內情形，贈送國史館，供後人參考。亮老並多方設法，向該館當時爲　國父傳遞消息之工役取得　國父親筆寫給老師康德黎(*Cantlie*)求救之短簡，留爲紀念，但不幸在戰亂播遷時流失。由此更見亮老對　國父崇敬之深與懷念之誠，及其治學考證之精密。

另有遺墨一小紙，上寫「拔茅連茹，載鬼一車」八個字，按此兩語，均出自易經，一出泰卦註語，一出睽卦本文，但兩句很少連在一起使用。依照一般的解釋，「拔茅連茹」，即賢者引進同類或進賢者皆盡其類；「載鬼一車」，即以無爲有。亮老將此兩句連串使用，想必是有所感而發的，我們不難推知亮老是以此譏諷世人缺乏選才的標準，以致不賢不才的，也誤認爲賢才，於是小人倖進，連類而登，「載鬼一車」——有等於無；足示亮老亦頗爲風趣，而且富有幽默感。

從上述亮老遺存文物的一鱗半爪中，使我們對亮老的爲人處事，有更深切的認識，也使我們深切體認一個人的偉大處，不止在事業的成就，即使是日常生活的瑣事，也有許多地方足爲後世效法的。

（民國六十七年元月）

五十五年張知本先生參觀監所作業成品展覽與作者握手

畢生為法治奮鬪的張懷老

張資政懷九先生爲開國元勛，法學泰斗，年近期頤，臥病累歲，最近突因肺炎併發，於八月十五日溘然逝世，享壽九十有七。當我得到消息趕赴榮民醫院看他時，已遲了一步，沒有能見到他最後一面，遺憾無極！老成凋謝，哲人其萎，誠是國家莫大損失！而其恂恂儒者的風範典型，永遠留在人間，令人追懷不已。我因職務關係，尤其擔任過司法行政工作，及繼任他老人家歷任的中國憲法學會理事長的職務，常有領教的機會，感受亦特多。他的一生可以一句話來表明，便是畢生爲法治而奮鬥。敬述梗概，聊表悼念之忱。

懷老幼有神童之目，博覽羣書，長而讀律於東瀛。矢志革命，早隸同盟會，及歸國，躬與武昌起義。黎元洪軍政府成立，卽被推爲司法部長，年僅三十一歲。就任之日，書「維持秩序、整肅綱紀」兩語於轅門，又書「不侮鰥寡，不畏強禦；如臨深淵，如履薄冰」一聯於大堂，以示民國政府滌舊布新、崇法愛民的旨意。隨着革命情勢的發展，次第成立高等及地方審檢廳，一方草創考試制度，招考優秀司法人員，派赴各審檢廳任事。民國之有司法制度及司法官考試制度，即自此始。

當時司法部的第一號佈告，歷數滿廷之罪，開示與民更始之機。有軍人擾民滋事者，懷老請軍政府組特別法庭，傳詢其上級司令，不聽，卽控以違抗命令藐視法律之罪，請拘捕之，卒能繩之以法，不爲威武所屈，風紀爲之肅然。

民國成立，懷老當選第一屆國會議員，嗣 國父在粵護法，懷老亦赴粵參加。十三年本黨第一次全國代表大會開會，當選爲中央執行委員，於防範共黨份子的陰謀篡竊，歷經艱險。十七年懷老任湖北省政府主席，訂定湖北三年施政計劃：第一年側重清鄉工作；第二年舉辦訓政工作，調查戶口，修理道路，辦理警衞，普及教育，訓練人民行使四權；第三年舉辦地方選舉，實行縣自治。蓋皆依據 國父地方自治開始實行法，率先奉行。惟時鄂省爲桂系軍隊所把持，反抗中央編遣，懷老知事不可爲，便於翌年辭去省府主席，息影滬上，從事著述，完成憲法論、社會法律學、土地公有論等著作。

民國二十二年立法院組織憲法起草委員會，院長孫哲生先生自兼委員長，懷老任副委員長。懷老感於過去北京所訂「天壇」憲草，有礙民主思想，曾擬假蘇州天平山起草「天平憲法」，成一部普天下平等的憲法。後以交通不便、房舍欠缺，作罷，也可算制憲史上的一段佳話。懷老首先提出「憲法上幾個重要問題」，經研討決定後，乃於是年八月完成憲法初稿及總說明。其旨趣方面，着重憲法與革命的關係，政權與治權的區分等等；體例方面，除前言外，首列基本原則，次為民族，再次為民權，又次為民生，末為附則。主旨在把 國父三民主義、五權憲法的精義，充分表露出來，垂為國家長治久安的制度。後於民國二十五年五月五日國民政府公布的中華民國憲法草案，世稱「五五憲草」，乃是參酌懷老的初稿所另擬。懷老則已於三年前辭去立法院職務，重回上海，致力寫作，完成「破產法」及「憲法僭擬」等書，並於二十五年出任朝陽法學院院長。

民二十六年，懷老出任司法院秘書長，並於抗戰爆發後，將朝陽學院西遷成都，民三十一年，調任行政法院院長。民三十五年當選制憲國民大會代表，並任第一組召集人，三十七年又當選行憲國民大會代表。懷老每於重要關鍵處，發表其議憲修憲的意見，懇摯明當，擲地有聲。時有反對「三民主義共和國」的國體者，懷老告之曰：「民族主義者，即所以爭取國際地位之平等也；民權主義者，爭取政治地位之平等也；民生主義者，爭取經濟地位之平等也。各位既不反對前述三原則——國際地位之平等，政治地位之平等，經濟地位之平等——即不應反對三民主義。」有認 國父反對議會，似違反民主常軌者，懷老又明告之曰：「民主國家必有議會，自屬天經地義，孫先生又何嘗反對。孫先生所主張的五權分立，立法院、監察院與國民大會豈非議會乎？至於西方的代議制，確為孫先生所反對，因為孫先生鑒於十八世紀以來歐洲的議會專制，而有直接民權的主張。西方人說選舉議員時，人民有自由，選舉以後便無自由，便隱然可見代議制的缺點。中國幅員廣大，不易行直接民權，故孫先生着重縣自治，以縣爲行使直接民權的範圍，中央政權則由國民大會行使。國民大會與縣自治內外呼應乃可免議會專制的弊病。反對總統制者，並非反對總統，如法國以內閣制馳名而仍有總統。孫先生反對議會『制』，並非反對議會也。」聞言，衆皆悅服。

民三十八年何敬之先生組閣，力邀懷老出任司法行政部長，堅辭不獲，乃赴京就職。即赴各地視察司法，以求了解實情；先飛臺灣次第視察全省各地院檢監所，曾作有「巡視臺灣司法記」，以紀其事，想見其處事的認眞不苟。所提示各端，即在今日，依舊有參照踐行的價值。他認爲臺灣司法有優良的基礎，人民具守法的精神，我司法人員懍於責任之重大，當振刷精神，砥礪德性，愼以律己，強以奉法，使偵審正確，威信不墜。同時寄望本省人民，亦應共體時艱，勿求備於物質，而努力於良風美俗的維護，守法精神的發揚，則弼成法治，可以預卜。

對監所工作，懷老極爲重視，他指出：現代刑事政策，首重感化，習藝授業，累進處遇；出獄保護，拂煦慰問；乃至於栽花種樹，改善環境，有裨身心，皆爲敎化，而言語、文字、圖畫、音樂之敎，尤明晰易解。臺灣電業發達，各監所利用擴音廣播敎化，或以影片音樂陶冶其性情，發行刊物，激勵其志趣，爲現代進步的敎化方法，要須注意選擇敎材，勿滋流弊。凡此，均可見懷老對監所敎化工作的重視。我後來擔任司法行政工作，便以改進獄政爲要務。因爲刑事政策，以獄政爲最後環節，所謂明刑弼敎，要在這裏驗其明效。關於獄政的方針，更本源於 國父遺敎，訂定「三民主義的管敎措施」，用以激勵受刑人積極樂觀建設精神，俾成有用之才，爲社會國家效力。此其微意，與懷老所見略同。

由此看來，懷老對於任何事業，包括創制、議憲、行政、司法，都有其高明深切的見解，那是從他淵博的學養中來，決非偶然。所以他重法治，尤重法學。他論法治與法學有云：我們在目前這個時期，不惟不應該吝談法治，而且還要將它的重要性多加解說，並希望將它擴充成爲一個反共抗俄時期中的一個大目標——法治運動。法治運動最基本的條件，還要法學的昌大發揚。他檢討過去法律敎育，認爲第一是太注重條文敎育，第二是忽略了法律的科學基礎。他所期望的法學人才，並非偏狹的或極端的法治主義之古代法家，乃是如 國父孫先生主張法治，同時也主張心理建設一樣，禮治要和法治並行，不宜有所偏廢。他的結論是：我們應該追求法治的實現，尤其是法治最大的前提——法學，應該將它發揚起來，以作法治運動的基礎。羣策羣力，來作一個整體的奮鬥，來達到我們法治主義者最後的目的——三民主義及 國父孫先生學說的實現，並樹立一個東方法治國家的磐石。

懷老本此心願，多年來對於法學人才的獎進愛護，法學研究的倡導贊助，可謂不遺餘力。他以年近八十的高齡，還樂於應聘至司法官訓練所親授憲法課程。記得我任司法行政部部長時，每當司法節及司法官訓練所學員開訓及結業的典禮，他經常應邀參加，致詞策勉。他是一位恂恂儒者，一襲布衣，談笑風生，平易近人，青年學子的受其薰陶激勵，聞風興起的，大有人在。他不徒是一位大法學家，也是一位大教育家。

政府遷臺後，懷老於三十九年辭卸司法行政部長職，便於翌年與友好發起創立中國憲法學會，被推爲理事長，主持會務二十餘年，其旨趣見於其成立會時的開會詞，他說：「現在我們以民主反抗極權、自由反抗奴役、以法治反抗非法的時代，憲法是我們的精神武器，是應該悉心研究，求其折中至當，那麼我們要想制定政治方案或者經濟方案，才有所依據。本會的工作，專限於憲法的研究與討論。預備以研究所得的結果，擬就五權憲法研究綱領，現行憲法研究綱領，以供運用憲法及將來修正憲法之用。」二十餘年來，所定研究目標，大體完成，懷老幾無會不到，備極辛勞，及進入九十高齡，體力漸退，堅辭理事長職務，不得已遂由會改推我爲理事長，勉力承乏，而仍以懷老爲名譽理事長，以表崇敬，而便時時請益。學問沒有止境，研究工作也不能停止，目前是在賡續前緒，先就現行憲法重作廣泛研究。所定方針爲：㈠理論力求貫徹，以 國父遺教爲依據，並參考世界進步之學說。㈡體制力求完備，理論與實際兼顧，如有必要，適時愼重提出修憲意見。㈢審酌內外情勢，把握三民主義五權憲法，以利反攻復國之策進，並期建國之必成。㈣現行法規如有缺漏或牴觸憲法者，予以檢討。㈤外國法例可資借鏡者，審酌其利弊得失，予以參證。目前第一階段的研究工作已告一段落，第二階段將繼以專題研討，更求深入，並期與現實密切配合。

我們不會忘記：　國父所倡導的國民革命，實與法治運動相爲表裏，也可說就是一個政的法治運動，而總統　蔣公所諄諄告誡我們的，就是要把一部中華民國憲法，帶回大陸，同胞，納全國人民於法治的軌轍。懷老以法學名家終身所從事的，無他，也就在昌明法治，發揚法學，以策國家的長治久安。現懷老雖離我等遠去，但典範宛在。願我國人共爲宏揚法治而努力。

（民國六十五年八月）

民國五十四年作者與孫科（哲生）先生於僑園合影

國父哲嗣哲生先生

孫哲生先生病逝於臺北，轉瞬便是兩週年了。

這一位偉大的政治家雖離我們遠去，他的勳業事功，和嘉言懿行，仍將永留人間，他的儀型風範也將長留在我們的腦海而永難忘懷。兩年來我便不斷的懷念與思慕，更常常想起許多與先生有關的往事，都恍在眼前。

我對先生之有所認識，回溯起來，是在民國十三年的事。在此之前，我還是國立廣東高等師範的學生，和許多人一樣，只知道先生是 國父的哲嗣而已。固然，先生在民國十年二月便首任廣州市長，於十二年十月再度任市長，但我除了有時參加某些公共集會，聆聽過先生的演講之外，並未與先生發生過個人的接觸。直到民國十三年，我在高師畢業了，鄒校長海濱先生要我留校，擔任高等師範附屬小學的訓育主任。當時我認爲訓育工作，最重要的是輔導學生自立自強，最有效的方法是讓他們自動自治，因此，必需參考某些自治組織或制度來擇優仿行。而這個時候，正是哲生先生再度出任廣州市長，推行他所建議的新市制，在市府之下，分設公安、工務、財政、教育、衞生及公用六個局來執行市政。這個新市制，是先生留學美國加州大學時，在名教授呂德博士指導下，對近代市政研究的心得。我認爲這是相當合理的一種行政組織，便仿照這一制度，在高師附小創立「學校市」，設市長和市議會，市長由全體學生投票普選產生，市議會議員則由各班推選。市長之下，和廣州市政府一樣分設六局來辦理學生各項自治業務。學生們對這一制度，很感興趣，都很熱烈而認眞的去推行，對實施學生自治，相當成功。先生這一新市制，後來全國大都採用，足見先生對市政貢獻之大，也是我對先生仰慕與敬佩的開始。

先生在哥倫比亞大學研究院是主修政治的，對於「各國政府」、「地方政府」、「羅馬法」和「英美法」等科都很有研究。民國十七年，他和胡漢民、伍朝樞諸先生考察旅行到巴黎，某日，在一個公園與李石曾、傅秉常及王寵惠諸先生相會，共同商定向中央建議實施訓政，並草擬了一份「黨國訓政大綱及應付外交方法」草案，便是由先生執筆的。後來中央便根據訓政大綱提案，制定了「中華民國國民政府組織法」、「中國國民黨訓政綱領」及五院組織法而實施訓政。當時我正在法國留學，對於五權憲法頗感興趣，經常注意搜集有關資料從事研究，因此，我對於他們這一次巴黎公園之會，自然特別注意，由於先生手擬「黨國訓政大綱及應付外交方法」草案的精闢，使我對他有了進一步的敬佩。

民國二十二年，先生接長立法院，成立「憲法起草委員會」，自兼委員長，親司其事，幾經研究草擬審查修正，完成「五五憲草」，亦卽民國二十五年五月五日國民政府所公布的「中華民國憲法草案」。至於他在立法院長任內（由二十二年至三十七年止，前後計十六年），爲國家建立現代法制的貢獻，自更永垂史册。我在民國三十六年奉派擔任立法委員，才開始直接追隨先生，參與立法工作，時間雖不算長，但我親身體會到先生對院會之主持，院務之處理，確有其獨到之處，眞是既開明，又有決斷，固使我益增景仰，也學習了不少處事方法和經驗。

先生早歲獻身革命，年十九，便加盟入黨。在美從事黨報工作及向西方人士講演中國革命問題，爲黨宣傳，不遺餘力。及後返國，歷任本黨廣州特別市黨部常務委員兼組織部部長，中央執行委員，青年部部長，中央特別委員會委員，對黨貢獻的偉大，自用不着多說。民國三十六年，先生任第六屆中央常務委員時，我亦有幸得附驥尾爲常務委員，並擔任副秘書長職務，到三十八年春接任秘書長。在這一段爲黨服務的時間裏，我與先生接觸的機會較多，更體會到先生在常會中，不常發言，但每發一言，無不以三民主義爲依歸，他沉默寡言，喜怒不形於色，但內心充滿對黨對主義的忠誠和熱愛，眞是三民主義的篤實信徒。

民國三十四年，抗日戰爭勝利，政府宣佈實施憲政，選舉總統，先生受各方面之敦促，參加副總統競選。事前一般人以先生既爲　國父哲嗣，又復德望崇高，功業彪炳，而國民大會代表，大多數是國民黨黨員，認爲先生的當選是毫無問題的。不料結果竟意外落選，事後有些人認爲先生在競選活動期間，不大活動，不熱烈拜訪代表，不免被視爲態度驕傲而引起反感有以致之。我認爲先生的落選，自有其他的因素，先生的做法，却正是他的獨特之點，因爲他認爲代表是明智的，何人該選，何人不該選，自各有其適當的抉擇，不必個別地去作過分的拜訪請託，否則當選了，也會被人說所獲的是人情票，甚且會被誣是用金錢活動得來的。所以，先生雖然落選，但絲毫無損於國人對他的敬仰。

民國三十七年，共匪擴大叛亂，戰局日蹙，政局動盪不安，是年冬，先生應徵出任行政院長，組織新閣，期能一新國人耳目，號召團結，共同戡亂。先生毅然受命，捨立法院院長而就行政院院長，雖然爲時甚暫，翌年便以健康關係而辭職。然由於先生在風雨飄搖，局勢不穩的環境之下，臨危不苟，出任艱鉅，足見其個人的進退，完全以國家利益爲前提，置個人利害於腦後，是一個對國家盡忠，對職務盡責，有魄力，肯擔當的人。

先生在民國五十九年他八十壽辰時，寫了一本「八十述略」，其中曾記載他早年在海外的記者生活，一九一〇年在檀香山擔任過「自由新報」和「大聲週刊」的編輯工作，負責編寫地方新聞和世界新聞。一九一一年到了舊金山，受聘擔任「少年中國晨報」編輯，編寫墨西哥革命消息，和一九一七年在紐約替「民氣報」編寫俄國革命新聞，和撰寫國際問題社論，都受到讀者的普遍歡迎。當我在民國三十九年秋間，奉命赴美宣慰僑胞時，先生正在美居留，我抵美後曾專誠前往謁候，先生除親切招待我共餐外，並就當時國際情勢及今後努力方向多所說明與指導。長者風範，令我至今難忘。及後我分別訪問舊金山的「少年中國晨報」和紐約的「民氣報」，曾與排字工友個別談話，也參加過黨報編輯座談會，聽到報館同人都以先生曾在他們的報社工作為榮。年長的更憶述先生當年風度翩翩，文筆犀利，深受讀者愛好，認為是難得的青年記者呢！

民國五十四年，是 國父的百年誕辰，全國各界熱烈紀念。哲生先生在各方敦請之下，於是年十月二十九日返抵國門，翌日，我奉命陪同他到南部晉謁總統 蔣公，相見甚歡。總統 蔣公招待他午餐，飯後還邀他同車到外面瀏覽風景，並送他回左營軍校。總統 蔣公雖比哲生先生年長，但對 先生非常親熱誠懇。這固是總統 蔣公對先生的愛護與坦誠，而先生於剛抵國門，便首先遠趨南部晉謁，也可見他對領袖的崇敬和景戴。先生隨即留國定居，是年十二月出任總統府資政，翌年六月改任考試院長，五十六年八月兼任中華文化復興運動推行委員會副會長。正期以先生之桀桀大才，有助於反共復國大業之完成，孰料天不憖遺，竟於兩年前賚志而逝呢！

先生回國任職時，我還在主持司法行政部，仰體總統 蔣公矜恤囚黎的德意，實行獄政革新，完成臺北監獄的遷建，推行三民主義的管教措施，頗著成效。來我國訪問的國際友人及各國貴賓，參觀後均備致好評。先生返國後僅兩月，於五十五年元月十三日在百忙中，抽暇偕夫人及家屬多人，由我陪同前往參觀。先生聽取簡報後，分別參觀各項設施，深感興趣，並多所垂詢，特別對監獄內劃分的民族、民權、民生和大同各個管教區的管教實況，至為重視，認為符合三民主義的原則，可以確收教化之效。對其他如女監附設之育兒室及醫務中心等衞生設施，尤多讚許，離開前，並親筆題書「以德服人」四字，留贈監獄作爲紀念。在此前後，他也由我陪同先後參觀過司法節舉辦的監所作業成品展覽暨犯罪調查工作成果及科學技術展覽，先生均甚重視，指出監所作業，技藝精良，是三民主義管教所獲的成果。

先生處事公正，謹守立場，有分寸，有度量，實足爲後人式範，玆就我曾親自參與的事實，再舉兩事爲證：

民國五十八年春夏之交，大韓民國駐華大使金信先生向我外交部提出韓國政府爲酬答 國父當年協助他們革命復國運動的功績，準備追贈 國父勳章，當時的外交部魏部長便告知先生，我也爲此親訪先生，徵求他的意見。他表示，國際贈勳，禮儀隆重，應循正式外交途徑進行洽辦。而且追贈 國父勳章，關係國體大事，個人未便作主，應向總統 蔣公請示決定。及後總統蔣公指示，韓國與我邦交素篤，以同意前往受勳爲宜。繼之，由韓國總理丁一權簽署的正式邀請函件亦到，先生乃正式復函表示同意，於八月中旬赴韓，參加韓國八月十五日的國慶紀念，於十七日接受由朴大統領主持頒給 國父韓國最高勳章的「建國功勞勳章」及給先生的「一級懋績勳章」。由此一事，可見先生的不苟取捨，與顧慮週詳，識大體，重儀節，實非常人所可及。

其次，是六十一年七月間，第四屆考試委員任期將滿，有關方面進行辦理第五屆委員甄審提名事宜，幾經會商審核擬定初步候選人名單後，我奉命將審核原則及候選名單親送先生，向其說明審議經過，並徵求其意見。當先生瞭解經過情形及參閱有關文件之後，隨即表示，認爲本屆審核原則第一項雖標示今後考試委員人選，擬着重農工醫理等實用科學人才，但所提候選人名單中，屬於法政方面之人才，仍嫌過多，應物色建築工程及財經方面人才。先生只就國家當前建設需要，提出原則性的意見，而不涉及具體人選，更沒有提出其要求選用之人。因此，我連想到先生曾親題「有容乃大，無欲則剛」八字的中堂贈我，使我受用不少。可見先生大公無私的胸懷，實在令人敬佩。

哲生先生的好學不倦，是人所共知的。大家都知道，他對政治深有研究，實則先生所學甚博，舉凡文法理工財經及國際問題等，他都無不研讀，常有其獨到之見。公餘之下，更常手不釋卷。先生返國任職後，我在業務和私誼上，經常趨候先生起居，並請聆教益，而每次見他，都見其座旁放有書本，正是剛剛放下來接見我的。見面所談，大而國際情勢與及國內政情；小而社會問題點滴，均有詳盡的說明與分析，見解深遠精闢，使我獲益實在不少。

現在哲生先生雖已離我們而去，他的蹤跡雖遠，但仍音容宛在。他固然留下了豐功偉績，永供後人景仰，也留下了他的人格和精神，永供後人效法，我記述了我個人所接觸到的一些往事，自不足表現先生的偉大精神和人格於萬一，但哲生先生，一生所努力的不外是實行三民主義，完成國民革命，但願我們共同努力去完成這一歷史任務，來告慰先生在天之靈。

（民國六十四年九月）

民國元年吳鐵城先生（右二）與林森先生（右一）在九江創辦軍事訓練班時攝

不到東北不知中國之博大
不到東北不知中國之危機
民國十七年冬記於長春車站
吳鐵城

吳鐵城先生遺墨

終生為僑胞服務的鐵老

今天，華僑協會爲吳鐵城先生建立銅像舉行揭幕典禮。鐵老爲人處事的風範和他一生的豐功偉績，對黨對國對華僑的貢獻，鐵老生前的至交如張岳軍先生、馬超俊先生等前輩，都已有深切的闡述和讚揚，實在用不着我來贅述。但剛才張岳公以彥棻曾兩度追隨鐵老，擔任他的副秘書長，來臺後又先後主持本黨的海外黨務及政府的僑務工作，與鐵老關係密切，一定要我講幾句話。長者之命，固然不好再推却，也使我感到義不容辭。

首先，談談我和鐵老的關係，岳公說我曾兩度追隨鐵老擔任他的副秘書長，第一次，是民國三十四年八月至民國三十五年九月，我由三民主義青年團中央團部宣傳處處長調任中央黨部副秘書長；第二次，是由於黨團統一，於民國三十六年九月至民國三十八年一月再度同任中央黨部副秘書長，這兩段期間，我固然是在鐵老領導下工作。此外，民國三十五年十一月召開制憲國民大會，我也是代表之一，並擔任地方制度審查委員會的召集人。民國三十六年四月中央黨部成立中央政治委員會，我被任爲委員之一，並奉派爲該會副秘書長，也經常就敎鐵老，多蒙指導。民國三十七年五月第一屆立法委員集會，鐵老和我都當選了立法委員，由於民選立法院成立伊始，一切都無成例，所以在集會前先成立籌備委員會，鐵老爲主任委員，我也是委員之一，更在鐵老領導下參加立法院組織法的整理工作和議事規則的起草工作。由此可說，我和鐵老的關係的確是很密切的，雖然我很慚愧自己對鐵老沒有多大幫忙，但我從鐵老獲得的益處却非常之多。

自政府播遷來臺後，我先後奉命主持海外黨務和僑務，我以前雖也曾從事海外黨務，但對華僑却瞭解不深，但我知道鐵老對華僑有很深切的認識，而且一生愛護華僑和重視海外工作，所以，我便經常向鐵老請教。在這方面，我得到他敎益更多，每一次見到他，他都有許多寶貴的意見和指示，也充分表露他對僑胞的關懷和愛護。他最瞭解華僑的艱難和僑務的重要，常常提出對華僑應注意「與」，而不能僅謀求「取」，這給予我一個很重要的啓示。更有，鐵老給我印象最深的，是在他逝世前數天，本黨舉行七屆三中全會，我在會中提出「加強海外工作方案」，檢討過去海外工作的得失，提出今後加強工作的原則和具體方案，鐵老看了這一方案，非常讚許，認爲很適當，也很完備，並在審查會中，慷慨陳詞，要求大家重視海外工作，力主通過此案，更勉勵我要全力執行，切實推進。孰料這案通過後僅五天，鐵老便遽歸道山，及今思之，仍使我無限感念！

鐵老一生對海外工作特爲重視，他不論身居何職，處身何地，無不以最大的關切來注意華僑問題，推進海外工作，故被尊稱爲「華僑導師」。據我個人的體驗，鐵老對海外工作的指示，有下列三個重點，我從事海外工作時固然是秉承鐵老這三個指示去進行，華僑協會今後的工作，我以爲也應該循此推進：

一、要以團結僑社爲工作目標——鐵老一生重視團結，對「團結就是力量」，體驗最切，無時無刻不致力促進團結。他在回憶錄中，檢討二次革命失敗的原因便說：「在當時國民黨力量聲勢，不可謂弱，且於國會佔多數議席，初非不可與爭衡，但爲時數月，竟召失敗，揆其原因，黨的組織不健全，黨員意見不一致，此其一。」他在三十四年國民黨第六次全國代表大會在重慶舉行時，便呼籲全黨同志「團結奮鬥」。所以，他認爲海外工作最重要的是增進僑社團結，一定要團結僑社，才能發揮力量。

因此，我從事海外工作時，無論什麼工作，都以增進僑社團結爲第一要務，用各種方式增進僑社團結。我到海外各地訪問，都呼籲僑胞化除成見，加強團結，對派赴海外各地工作的人員，我首先便告誡他們要全力促進僑社的團結，絕不能介入僑社的糾紛。除了促進各地僑胞的團結外，我於民國四十一年十月二十一日在臺北召開全球性的僑務會議、民國四十四年九月召開華僑文教會議、民國四十五年召開華僑經濟檢討會議，除了商討各項工作的推進外，也就是要增進海外各地僑胞的相互認識和瞭解，促成全球僑胞的大團結。此外我還曾先後召開海外黨務檢討會、亞洲地區工作會議、華僑青年研討會等。並於每年暑期策動海外青年回國觀光服務，每年十月策動海外僑胞回國參加慶典，並乘他們回國之便，舉行各種講習、研討和座談會，都是以團結僑社為工作目標，致力增進各地僑胞的情感與團結，並促進僑團與華僑青年間的瞭解和結合。這都是和鐵老的指示相符合的。

二、要以服務僑胞為工作中心——鐵老曾當過海外部長，也曾主持港澳黨務，他深切瞭解海外工作必須以服務僑胞為中心，無論海外黨務或僑務，都不能用命令去推動，而必須以服務代替領導，全心全力去為僑胞服務，才是海外工作的中心。他常說，我們愛護華僑的唯一辦法，不在恭維他們的愛國熱誠，而在積極的使中國富強，使他們在海外不再受欺凌和歧視，更要積極去為華僑服務，解決他們的困難，才能贏得僑胞的信任。

民國二十九年，他在海外部長任內，曾花數個月時間，到南洋各地訪問僑胞，先後到過菲律賓、印尼、馬來亞、緬甸等地，經七十餘埠，大小城市一百五十餘處，演講凡三百次，使僑胞深受感動。至太平洋戰事發生，緬甸為日軍所陷，當地僑胞逃難返國的有十多萬人，經滇緬公路至昆明，狀至艱苦。當時鐵老任中央黨部秘書長，他提請政府，沿途設站為返國難胞服務，分別遣送回籍，一部份到重慶的僑社領袖，則由中央黨部成立「海外黨務計劃委員會」及「僑民運動指導委員會」，予以安置，並借重他們的才能，推進海外工作。當時回國的難僑，莫不感懷祖國的德意。

所以我從事海外工作的時候，便以「非以役僑、乃役於僑」爲基本工作精神。民國三十九年十一月首先在臺北成立華僑服務社，爲各地僑胞展開各項服務和諮詢工作，後來於四十二年改由僑聯總會輔導，以迄於今。對海外各地黨部和僑團，我都要求以服務僑胞爲首要工作，必須盡心盡力爲僑胞服務，以服務爭取信任，以服務代替領導。對海外僑團僑胞有需祖國爲其服務的，如出入境的便利，僑校師資、教材和僑報資料的供應，對國內貿易的展開等，我更盡力改進，以爲僑胞服務，才能使僑胞對祖國的向心力，日益增進。

三、要以發展組織爲工作起點——鐵老熱愛華僑，也深知華僑缺乏組織，力量不易發揮，他認爲海外工作，須以發展組織爲起點，以期集中力量，增進團結，以僑胞的力量去解決僑胞的問題，開創僑胞的事業。所以他除了促進各地僑胞發展僑團組織外，民國三十年春，他訪問南洋返國後，便在重慶組織南洋華僑協會，來增進南洋僑胞和祖國的聯繫。至三十六年秋，在南京召開大會，更擴大組織，更名爲華僑協會總會，以全球僑胞爲工作對象。政府播遷來臺後，亦由鐵老領導恢復組織，來致力僑務工作的協進。此外，鐵老還曾領導推動中國國民外交協會、中韓文化協會、中非文化經濟協會及中泰協會等組織，都是旨在團結僑胞，策進國民外交，加強祖國與各國和僑胞的密切聯繫。鐵老對各地僑團組織的健全和發展，更是關懷備至，經常勉勵我要全力推進。

由於鐵老的指示，我對健全和發展各地僑團組織，至爲重視，由於當時情勢的需要，我首先致力發展海外各地華僑反共組織，由民國三十九年起，先後有舊金山、紐約、墨西哥、芝加哥、秘魯、惠靈頓，及大溪地等地反共救國總會，菲律賓、哥倫比亞、智利、米市卡利、宏都拉斯、瓜地馬拉、韓國等地反共抗俄後援會的成立，至民國四十一年十月，在臺北召開僑務會議後，更由各地僑團代表共同發起，成立「華僑救國聯合總會」，作爲全球僑胞反共救國的聯合組織。二十餘年來，對推進海外反共救國工作，實有相當貢獻。

此外，對海外各地僑團，我一面盡力協助其已有僑團的健全和發展，一面盡力推進各地全僑性的僑團如中華會館、中華公所、華僑總會的建立，作爲當地僑社的團結中心。除了各地全僑性僑團的建立外，我更相機推動建立各地區的全僑性的組織，例如緬甸緬華總會、日本華僑聯合總會的成立，和各地區僑校聯合總會、宗親會聯合總會、同鄉會聯合總會的建立，都是旨在發展組織，逐步增進和擴大僑胞的團結，發揮自救救國的力量。

以上所說的，只是終生爲僑胞服務的鐵老對海外工作的幾點指示，鐵老對華僑問題和海外工作體認至深，指示至多，我所說的只是個人體認的幾個要點，但這些要點，直至今天，還是非常正確而切要的。目前國際局勢動盪不安，姑息主義瀰漫，共匪正向海外華僑加緊統戰，進行其欺騙誘惑，使我海外僑胞處境日益艱困，還是亟須加強海外工作爲僑胞服務的時候，華僑協會在今天爲鐵老建立銅像，以供後人景仰，並促使大家效法鐵老，致力海外工作，以爲僑胞服務，這意義是十分重大而且是非常切要的。

不過，我認爲紀念鐵老，單是建立銅像，還是不夠的，我們更要效法鐵老爲國家爲僑胞服務的精神，來促進海外僑胞的團結，共同爲反共復國而努力。同時，爲使後人對鐵老有深一層認識與效法，我建議華僑協會做兩件事：

(1)根據鐵老的回憶錄及其尚未撰寫的章目，參證其生平事略，爲鐵老編訂一本完備的年譜。

(2)除了鐵老自己的回憶錄外，鐵老逝世後先後出版的「吳鐵城先生紀念集」、「吳鐵城先生逝世十周年紀念集」、「吳鐵城先生逝世二十周年紀念集」，都有很多珍貴的資料，似可作有計劃的整理，並搜集其他資料，爲鐵老早日撰寫一本完善的傳記。

(民國六十五年三月)

吳鐵老的生平和風範

本年三月，華僑協會爲吳鐵城先生銅像舉行揭幕禮時，我曾應邀致詞，追述鐵老對僑胞的愛護和對僑務的指示，說明鐵老終生爲僑胞服務，全文已刊傳記文學九月號。今天傳記文學社又邀約鐵老的一些戚友故舊來一起懷念鐵老，要我首先發言，我想：鐵老的一生功業和他對國家對革命的偉大貢獻，已見史册，今天只就個人所知，憶述鐵老一些生平事蹟和他留給我們的風範，拋磚引玉，希望能引起在座各位共同闡揚鐵老的德行，使大家對這一位歷史人物，有更深切的認識。

我還是從鐵老對僑胞的愛護和關切說起：許多人以爲鐵老之對華僑有深切的認識，是由於他是廣東人，而且是 國父的同鄉，可能也出身華僑家庭。其實鐵老雖是廣東人，並曾任故鄉的中山縣縣長和廣東省政府主席，但他却出生於江西，除幼年曾隨母回鄉一行外，直到辛亥革命後第二年，他才初履廣州。民國六年　國父在廣州成立軍政府，他才開始回粵任職。他的先人在外地從商，也與華僑無關。他之所以成爲「華僑導師」，自然跟他曾奔走海外從事革命有關，但起初該是受林子超先生的影響。因爲鐵老的參加革命，最初便是林子超先生的介紹，他曾記述他和子超先生締交的經過，是在牯嶺的偶然邂逅，自我介紹便結爲忘年之交，其後便共同設立潯陽閱書報社，作爲九江的革命機關，在辛亥革命後首先響應，光復九江。此後鐵老和子超先生便成爲革命夥伴，一起去上海參加各省代表會議，成立臨時政府，又一起追隨　國父奔走革命，一直到後來子超先生任職國府主席，最後長眠歌樂山，他們始終意氣相投，肝膽相照，正如鐵老所說是「平生風義兼師友」的知己。而子超先生是　國父從事海外工作的重要助手，他在民國三年奉派赴美洲從事海外黨務，民國十三年中國國民黨改組後，他是首任海外部長，他對海外黨務僑務的貢獻至大，也深得海外僑胞的崇敬。鐵老對華僑的認識和愛護，相信是受到子超先生的影響。而在二次革命後，鐵老和子超先生先後出奔日本，　國父爲了重整海外黨務，派子超先生赴美擔任美洲支部部長，鐵老旋亦奉派去檀香山辦黨和辦報，這是鐵老從事海外工作之始，當亦和子超先生有關。有人說：「中國國民黨最關心海外黨務僑務的，首推林故主席子超，子超先生任主席後，郎爲吳鐵老」，可見兩人對海外工作關係的密切。而他們兩人對黨國的貢獻和事功，固各有千秋，風度氣質也不完全相同，但兩個人都恢宏寬大，和易近人，都有主張而無成見，有抱負而無野心，却有很多地方是相似甚至相同的。

說到鐵老和　國父孫中山先生，很多人以為鐵老之追隨　國父，和他們是廣東中山同鄉有關。其實，正如上說，鐵老雖是中山人，却出生於江西，也在江西成長和受教育，他參加同盟會時，和　國父還未認識，直到辛亥革命後，　國父由歐歸國，鐵老當時是江西省代表，在上海和各省代表一起去歡迎　國父，才第一次和　國父見面。　國父當選為臨時大總統後，鐵老以任務完畢，準備回贛，晉謁　國父辭行，才首次晤談。　國父對鐵老以廣東青年而被派為江西代表，而且是當時最年輕的代表，深為訝異，慰勉有加。後來，　國父解職，應邀赴北平，轉赴太原，其時鐵老在平，曾追隨同行。後來，　國父發動二次革命，曾命鐵老赴江西策動李烈鈞獨立，事敗，鐵老被袁世凱懸賞通緝，亡命赴日，　國父也抵日重組中華革命黨，鐵老首先加入，贊同宣誓印摹，嗣後便直接追隨　國父工作。由奉派赴海外辦黨辦報，復在動盪不安的粵局中，歷任地方行政和軍警工作，可以看到　國父對鐵老的倚畀日殷。中國國民黨改組時，鐵老奉派為三人籌備小組委員，並在籌備召開第一次全國代表大會時，奉派為臨時中央執行委員，都可見　國父對他的信任和期望的殷切。所以，在　國父逝世後，移靈紫金山時，他和林子超先生被派為迎櫬專使，辦理奉安大典。如果說鐵老的恢宏寬大、和易近人，頗受子超先生的影響，其實也深受國父的薰陶。他的思想和主張，更無不師承　國父，以實行三民主義、完成國民革命為職志。因為他自從加入同盟會後，便成為　國父的忠實信徒和國民革命的鬥士。

鐵老不僅畢生愛護僑胞，而且畢生致力國民外交，兩者都有輝煌的成就和貢獻。他除了在黨政方面努力外，還組織了華僑協會和國民外交協會，策動民間的力量來推動這兩項工作。許多人看到鐵老曾任外交部長，國際友人至多，和各國朝野都有廣泛的接觸和深切的交往，以爲鐵老一定在國外受教育。其實鐵老是在國內受教育的，但他幼年便曾跟一位留美學成歸國的中山同鄉鄭雍鵬先生補習了兩年英文，後來又進教會辦的同文書院就讀。畢業後他雖想去日本留學，但因爲家長要他結婚後才出國，拖延到辛亥年秋，他正離贛赴滬，準備去日本時，却値武昌起義，他又由上海折回九江，直到民國二年二次革命失敗，他被袁世凱通緝，才第一次出國，逃亡日本，曾入明治大學習法律，但翌年便奉派赴檀香山，在檀香山工作了一年半，才於民國五年回國。直到抗戰期間，才又曾先後出國主持港澳黨務和宣慰南洋僑胞，來臺後又曾先後出國赴日、韓、印尼、菲律賓各地訪問，致力國民外交活動。可見鐵老除了曾在日習法律和曾在檀香山習英文，都時間無多外，並沒在國外受教育，他在國外的時間和所到的地方也不多。但他却有很多國際友人，和各國朝野人士都有交往，而且他和許多外國政要如菲律賓的奎松、越南的保大，都在其微時便已締交，亞洲許多國家的政要，和鐵老更是患難之交，鐵老在他們從事復國運動時，便予以大力支持，因此都有特別深厚的友誼。這固然是由於鐵老平日喜交遊、善應對，他那恢宏的氣度、磅礴的才氣、爽朗的個性和莊諧並發的辭令，對任何人都有一份吸引力，也是由於鐵老知道國民外交對革命工作的重要，尤其在革命環境艱困時，要爭取國際的同情和支助，要增進與我無邦交國家的關係，非國民外交不爲功。所以，鐵老在長滬和長粵時的外交肆應，固深得其平日致力國民外交之助，在抗戰期間和來臺後的國民外交活動，對爭取國際同情，更有莫大的貢獻。這也是由於　國父的感召，因爲　國父對僑胞和國民外交，原來一向都非常重視的。

鐵老最令人心折的，是他那恢宏渾厚的風度、軒昂磊落的氣宇和寬洪兼容的度量，這固然是先天的氣質和後天的修養，非常人所能及，也是由於他的過人的智慧、崇高的抱負和多方的才能，尤其他那見多識廣的閱歷和大公無私的胸懷。因爲鐵老雖然出身於經商的家庭，並就讀於教會書院，但他自幼便接受革命思想，參加同盟會後，便組設潯陽閱書報社，創辦九江商團，廣交工商學界人士，並和新軍將士、幫會中人往返結納，還辦了一個訓練班，自己去受了六個月的軍事教育。辛亥革命後，九江首先響應，鐵老便擔任軍政府的參謀次長兼外交部長，策動海軍反正，完成統一江西。後來奉派爲江西代表，參加各省代表會議，組織臨時政府，鐵老當時只二十四歲，是代表中最年輕的一人。二次革命失敗後赴日，奉派赴檀香山主持黨務並爲自由新報主筆。回國後，　國父開府廣東，應召赴粵，任大元帥府參軍，在這一段期間，他歷任討賊軍總指揮、大本營參軍、參軍長、民選中山模範縣縣長、廣東省警務處長兼省會公安局長、廣東省警備軍司令、（嗣先後改編爲獨立第一師、國民革命軍第十七師，均由鐵老任師長）等職，中國國民黨改組，他是籌備小組委員和臨時中央執行委員，並於改組後任廣州市黨部常委兼宣傳部長。北伐的完成，鐵老對東北的易幟曾有最大的貢獻，而在北伐後，鐵老也對全國的和平統一屢著貢獻。嗣後，在地方行政，鐵老歷任廣東建設廳長、上海特別市長、廣東省府主席，在黨務，鐵老曾主持港澳黨部，任海外部長、中央黨部秘書長，在中樞，鐵老歷任國府委員、立法院副院長、行政院副院長、外交部長。從這些經過，可見由民國開國到民國四十二年鐵老逝世爲止，四十多年來的中國每一大事，鐵老幾無不參與，而其經歷則正如褒揚令所說：「內佐機衡，外膺疆寄，文武兼資，險夷一致。」他雖是文人，却曾掌軍符，並負責警政。民國十一年至十五年間，在擾攘複雜的廣東，鐵老掌全省警務兼省會公安局長和廣東警衞軍司令，前後凡四年，中經陳炯明兩次叛變、鄧如琢由贛犯粵、沈鴻英在市郊叛變，以及劉楊之役、商團之役，六次的變亂，都賴鐵老雍容鎭靜，克服危局。尤其商團的叛亂，鐵老早有戒心，事先定了一套緊急措施的辦法，密封分交各警察分局所，寫明非到緊急事變，不得開拆，當時遍傳爲「吳鐵城錦囊」，比及亂作，各分局照指示行事，果能維持秩序，平定變亂。總統 蔣公奉命籌辦黃埔軍校時，鐵老當時在廣東警衞軍辦有講武堂，黃埔軍校開辦後，鐵老便將講武堂合併於軍校第二期。總統 蔣公二次東征和平定劉楊之亂，鐵老的廣東警衞軍和其後改編的獨立第一師，均參加作戰，著有戰功。後更改編爲第十七師，參加北伐。這固然是因爲鐵老有過人的智慧和才能，無論爲政、爲軍、爲黨、辦報、辦警、辦外交，不管什麼工作，都能有爲有守，有卓越的成就，而也就因爲他經歷之多，接觸之廣，洞察世變，通達人情，養成他那恢宏渾厚的風度和磊落寬宏的氣量。

至於大公無私的胸懷，則是由於鐵老早歲獻身革命，便立定了以身報國的志向，參加了同盟會和追隨 國父，更以實行主義完成革命爲終身職志。因此他無論做什麼事，都是爲黨爲國，沒有一己的私念。大家都知道：鐵老喜歡交朋友，喜歡培植人才。但他並不是爲自己交朋友，而是爲國家交朋友，爲革命交朋友；他並不是爲自己培植人才，而是爲國家爲革命培植人才。而正因爲他是爲國家爲革命交朋友和培植人才，所以他什麼朋友都可以交，什麼人才都可以用。也因爲他是爲國家爲革命交朋友和培植人才，本乎大公而出自至誠，所以無論什麼人都願意和他交朋友，都樂於爲他所用。因此，鐵老的交遊最廣濶，無論那一方面那一階層，他都有廣泛的接觸，而他的幕下，更是廣收兼容，正如張岳軍先生所說：他的幕中，羅致各方各樣的人才交進並馳，在他則因材器使，以配合辦理各事的需要。豁達大度，而邪正之辨仍嚴；機智過人，而誠信之心無替，用能融會歧異，汎應羣倫。鐵老便曾對人解釋：「革命是要打天下的，對同志不能求全責備，只要他們不違反主義政綱政策，不嚴重破壞黨紀，都可以任用，都可以寬容」。行憲前夕辦理選舉提名時，鐵老曾備受困擾，有一位女同志曾多日糾纏不休，鐵老還是從容應付，並對人說：「這種鍥而不舍的精神，便是革命同志打天下的精神」。這都說明鐵老無論對朋友對同志，都是本乎大公而出自至誠，故能廣收兼容，養成他那恢宏寬洪的風度和氣量，而也因此，他對調協各方，促進團結，特具長才。東北易幟的完成統一，汪馮叛變的東北出師，這是衆所共知的事。而在民國三十四年抗戰勝利到民國三十八年總統 蔣公引退這一段期間，我曾兩度擔任鐵老的副秘書長，看到鐵老以黨的秘書長對外參與政治協商和制憲行憲，對內實行黨團統一和選舉提名，無一不是紛歧錯雜的事。而鐵老從中周旋調和，充分表現了他謀國的忠誠和調協的才能，尤其令人敬佩的便是他在備極辛勞和困擾中，始終保持他那從容不迫的風度和寬洪磊落的氣量，我深切體會他是本乎大公，沒有私念，所以能任勞任怨，從容應付。

由於鐵老長於調協，善於肆應，而且肯虛心聽取和採納別人的意見，無論誰都可以向他進言。他的部屬如有不同的意見，儘可以向他陳述，甚至爭辯至面紅耳赤，他都不以為忤，只要你有理由，他總能接受。有些人因此認為鐵老沒有主張，沒有定見，甚至認為他缺乏偉大的眼光和抱負。其實，鐵老是個有主張而無成見，有抱負而無野心的人。他能調協和接納別人的意見，只是他沒有先入為主的成見，並不是自己毫無主張。相反的，鐵老不但有他自己的主張，而且常有獨特的主張和見解，對大事，他更是擇善固執，堅持立場，絕不退讓。他的一生，曾做了許多首開風氣的事。試以他在民國九年三十三歲時出任家鄉中山縣長為例，這是全國首次的民選縣長。當時　國父要在廣東推行地方自治，派鐵老和徐謙伍朝樞籌設縣政研究委員會，首先以中山縣為模範縣，實行縣長民選。鐵老奉命參加競選，便自己親到各地公開演講競選。當選後，他即任命了一位留美學生蕭悔塵女士為教育局長，開女性出任行政主管官的先河。他任縣長雖然不到一年，便有許多改革。他創辦了警察訓練班，籌辦了教育實驗區，舉辦了土地測量，更實行了公文改革，都開風氣之先。其後，他在廣東警務處和省會公安局任內，繼續從事警政的改革和整頓，為我國警政首立規範。在中央黨部秘書長任內，也繼續從事公文改革，可說是我國公文改革的倡導者。由此可見鐵老做什麼事都有他自己的主張，更有遠大的眼光和計劃。還有許多事都可以看到鐵老眼光的遠大和抱負的崇高：他在民國十八年宣慰東北時所說的「不到東北，不知中國之博大，不到東北，不知中國之危機」兩句名言，固是人所共知的例證。他在上海市長任內所從事的各項建設，大家都知道其規模的宏大，而鐵老在從事這些建設時，舉凡橋樑道路房屋等構築，都請軍事專家共同設計，暗具堡壘規模，以爲他時之備，則爲許多人所未知。同時他又舉辦公民訓練和學生暑期集中軍訓，都寓有深意，後來八一三戰起，便發揮了作用。抗戰時他在中央黨部秘書長任內，對韓、越、菲各國在華志士，盡力予以便利，對他們的復國運動盡力支助，更充分表現他對戰後東亞和平的遠大眼光。還有一件小事，也可以看到鐵老抱負的遠大，就是民國五年他在檀香山回國後，林子超先生也由歐歸國，他便曾和子超先生商量，向 國父建議，充實上海的民國日報或另辦一報來加強宣傳。他認爲這報紙應該自備飛機來擴大發行，並在報館設商品代理部和商品陳列室來爭取廣告。當時飛機在國內還是新奇的事物，而鐵老即有自備飛機辦報的構想，其眼光是何等遠大。由這些事實，我們可知鐵老不是沒有主張、沒有定見，只是不先入爲主，不爲成見所蔽。所以他能調協和接納別人的意見，在別人的意見中提出自己的意見，並集合別人的意見作成自己的意見。同時，鐵老不是沒有抱負，沒有理想，只是他的抱負和理想都是爲國家效忠，爲革命效力，沒有個人的野心和私念，也沒個人的得失和榮辱，所以他能任勞任怨，胸懷坦蕩。也就因爲鐵老有主張而無成見，有抱負而無野心，因此他能風度恢宏、氣宇軒昂、度量寬洪。

最後，鐵老還有一點使人感受至深的，便是他的爽朗和率眞。大家都知道：鐵老儀表出衆，氣宇軒昂，但他却無官僚習氣，不擺架子，無論對什麼人，對什麼事，他都很爽朗明快，對他有所要求，能辦的一定盡力幫忙，不能辦的也明白相告，從不模稜兩可，也不敷衍推諉。鐵老雖身居高位，却個性率眞，眞性情中人。許多部屬都曾和他爭辯，甚至吵架，但過後便沒事，他不喜歡板面孔說教，更不喜歡假道學。他在回憶錄中，曾記述他由檀香山回國，在船上認識了一位法國小姐，一見如故，互相傾慕，他描述兩人結識和交往的經過，至爲詳盡，並且說因爲那位小姐的一句話，他以後幾十年間，不再把頭髮剪短。這段記述，感人至深。以鐵老的地位而在回懷錄中記述這一段往事，也可以充分說明鐵老的率直和眞情。由於鐵老的風度、氣宇、個性都感人至深，所以曾和鐵老認識和接觸的人，無不深受感動。現在鐵老雖已離開人世廿餘年，在每一個人心中，都還感受得到那一份溫情，在座各位都是鐵老的戚友故舊，相信都會和我有同感。

（民國六十五年八月）

民國四十七年作者與傅秉常先生（中）攝於傅寓

卓越的外交家法學家傅秉翁

記得在民國十二年初，我還在廣州國立廣東高等師範肄業的時候，一天，我偕友行經西堤粵海關大樓門前。這座大樓蓋得很宏偉堂皇，從馬路人行道邊，先要登上多級石階，然後是一條寬濶的走廊，走廊上一排高高的大圓柱子，眞是氣派十足，行人經過它的前面，總不免被吸引而多看幾眼。我們這時見到上面當中的一根柱子上貼着一張大紅紙條，自然更加注意，走近一看，原來貼的是粵海關新監督傅秉常就職的告示。

傅秉常先生的名字，當時之所以引起我注意，是因爲在幾天前的報章上，見到孫大元帥發表命令，派他爲廣東外交交涉員。報上也說他曾任我國派往巴黎和議代表團的秘書。但我從來不知他是怎麼樣的一位人物，更談不到認識，現在又看到他就任海關監督的告示，心想他一定是個很老成的長者了。

後來我於民國十五年春，由國立廣東大學派赴法國留學深造。民十七年我在巴黎大學，那時還是中國國民黨駐法總支部負責人之一。是年夏天，聽到國民政府的大員胡展堂（漢民）、孫哲生（科）、伍梯雲（朝樞）、傅秉常諸先生將到歐洲考察的消息。六月，他們行抵巴黎。其時李石曾（煜瀛）、王亮疇（寵惠）兩先生也先到了巴黎。他們常常在一起，會商黨國大計。我這個學生小子，自然還攀不上和這批黨國大老在一堂討論國家大事。但是因爲我以駐法總支部的關係，也能沾光瞻仰他們的風采。他們之中，使我特別注意而引爲驚奇的，却是傅秉常先生。因爲在我的腦海中，一向總認爲他也是一位老成長者。不料見面之下，他竟是風度翩翩的一位青年。原來這位歷任要職，而當時還擔任外交部政務次長的傅秉常先生，那年才三十剛出頭，不過比我大五六歲罷了。由此，我對秉常先生固然欽羨不已，同時也鼓舞了我見賢思齊的無比雄心。

我自從此次見過秉常先生，其後總難再得接觸機會。民國十八年我代表駐法總支部，回南京參加國民黨第三屆全國代表大會時，雖也見到秉常先生，却無機會相對敍談。我於會畢返法不久，卽赴日內瓦國際聯盟秘書廳工作，一耽數年。至民二十四年秋返國，在廣州任職國立中山大學法學院長，秉常先生則在南京，仍任立法院的外交委會委員長。大家雖同在國內，仍然兩地暌違，難得一晤。

民二十六年「七七」抗日戰起，我辭去中大敎職，奉宋子文先生電召赴滬工作。由於戰事不斷擴大，政府西遷武漢，我也由上海而轉至武漢，其時立法院亦已疏遷到了武漢。可是當那戰爭緊張，兵荒馬亂之際，大家都忙着本身任務，很少私人聚合應酬的時間。而且就在是年年底，政府特派孫院長哲生和秉常先生等一行，組織了一個訪問團，前往歐洲，訪問英、蘇諸國，並向蘇洽借軍火貸款。二十七年秋間，訪問團任務達成東返，孫院長等先飛武漢轉重慶。而秉常先生則仍留港公幹，大約到年底才囘重慶。

這時我在宋子文先生領導的國際反侵略會中國分會，也隨政府疏遷至渝，並在中央訓練團工作，總算又有機會和秉常先生碰頭了。而大家的工作却更爲繁忙，不過由於我們是同鄉的關係，時有在粵籍同鄉前輩和親友座中，得與秉常先生晉接敍談。我總覺得他無論對年老的長者或青年的後輩、親密的朋友或陌生的客人，都一樣地親切自然，言笑雍容，純眞坦白，毫無半點官味和俗氣。於是使我頓然明白，當他還很年輕的時候，就能獲得　國父和伍秩庸（廷芳）先生的器重，而且又和孫哲生、伍梯雲、胡展堂、廖仲愷諸革命楨幹人物，都能相處得翕然無間，決不是偶然而致的道理。

可惜我和秉常先生過從的這段時間只不過年許。我於二十九年八月，就奉命離渝返粵，接任廣東省政府秘書長的職務。而當我於三十二年囘渝工作時，秉常先生已於三十一年底奉派爲駐蘇俄大使出國去了。他此去長達七年，直到三十八年才曾囘國一行。在他駐蘇的這段漫長日子裏，我們的工作性質不同，且又各忙各的，不特無晤面的機會，連信也未通過。然而我從政府外交方面的報導中，知道他的大使工作，幹得異常出色。尤其是爭取「中英美蘇四外長宣言」一幕，表現得最爲精采。原來民國三十二年十月，美、英、蘇三國外長在莫斯科集會，討論戰後世界秩序問題，準備發表三國外長宣言。秉常先生獲知此事，認爲我國抗戰最久，犧牲最大，對戰後和平問題，必須爭取發言地位。於是立卽展開活動，以謀我國加入「外長宣言」的簽名。但其時俄酋史太林對我漠視，而英之邱吉爾亦不甚關懷，同情我的只有美國。因而秉常先生乃以全力聯繫美國國務卿赫爾，獲取赫爾的大力相助，終於使我國參加於外長宣言，而成爲「中英美蘇四外長宣言」。由於這次四外長宣言所打下的基礎，跟着我國又被邀參加「開羅會議」。從而乃奠立了戰後世界「四強」的地位。秉常先生這次斡旋外交所表現的手腕和毅力，都是極爲卓越的。

民國三十八年，共匪全面叛亂，勢甚猖獗。而野心又至愚蠢如李宗仁等輩，竟受敵利用，要求總統　蔣公引退，與匪「和談」，使局勢更爲不可收拾。是年三月，何敬之（應欽）先生出長行政院，發表秉常先生任外交部長，時秉常先生仍在駐蘇大使任內。蘇俄表面與我維持外交關係，而實際則一力扶植共匪，嗾使加緊叛亂，對蘇外交固已無大可爲，而接任外長，又感難於展布，這使秉常先生頗爲躊躇。他考慮結果，只好遵命先行返國，於四月中由歐經港返抵廣州。時中央政府已遷粵，行政院何院長亦在此。秉常先生向何院長述職之後，堅辭外長一職，旣蒙答允，卽再赴歐洲，但未返蘇任所，而住於巴黎近郊。至該年十月匪僞政權成立，而俄帝又揭開了假面具，予以承認之後，秉常先生乃宣告解除了駐蘇大使之職。

這次秉常先生由歐返抵廣州這段時間雖短，而我適任中央黨部秘書長，中央黨部亦遷穗市，乃獲與其有多次懇談。對他的忠黨愛國一片深心，愈益敬佩。他之辭外長而仍掛着一個駐蘇大使的名義，蓋當蘇俄未正式與我決絕之前，仍欲運用其駐蘇多年的關係，設法盡量拖延待變，以期力挽狂瀾，直至最後一分鐘，才放棄了他的希望。他這種「知不可爲而爲之」的鞠躬盡瘁精神，實在是難得的。

秉常先生既已無職在身，而一些從蘇撤退出來同事的生活也要維持。他於是在巴黎拉丁區的聖哲街，和人合作開設了一家「香港樓」飯館。我於四十六年夏奉命訪美轉歐，視導海外工作。曾與何世禮兄同行抵巴黎，到他的香港樓拜訪，始知他迭經司法院長王亮疇先生敦促，又蒙總統蔣公電催，已將飯館讓給他人接辦，於五月中束裝東返。等到我在各地視導完畢返國時，他早在臺北多時矣。

他返國後，受聘爲國策顧問，次年三月，司法院王亮疇院長逝世。總統 蔣公乃提名徵得監察院同意，以原任副院長謝冠生先生升任院長，秉常先生爲副院長。當時有些人對秉常先生過去情形不甚明瞭的，只看到他的履歷所記，諸如交涉員、立法院外交委員會委員長、外交部次長、大使……等等，一旦被提名爲司法院副院長，都不免覺得有點奇怪。殊不知他曾追隨伍秩庸、胡展堂、王亮疇諸法學名家精研法學，而且他在立法委員任內，關於我國「民法」的訂定，以及「五五憲法草案」的起草，都曾付出許多心血，具有很大貢獻。是以他原係香港大學的工科學士出身，而後來港大贈頒給他的却是法學博士，即以此故。就我個人說，使我更感高興的是，自秉常先生回國之後，總統　蔣公以其去國日久，對國內情況一時或有不盡深悉之處，乃囑我對秉常先生多爲關注。於是使我更接近他，更多向他請益的機會。又我於四十九年五月，奉令接任司法行政部長職務，和秉常先生同在一座大樓辦公，而且因爲秉常先生兼任「公務員懲戒委員會」的委員長，故常就有關司法問題，彼此交換意見，使我更獲聆不少他的卓識高論，私心實在非常欣幸。

民國五十四年初，總統　蔣公特派秉常先生爲特使，前往中南美洲，慶賀墨西哥及智利兩國總統就任，並作友好訪問及宣慰各地僑胞。他道過美國時，特往訪候孫哲生先生，並代達　蔣公渴望其返國共襄反共建國大業之意。秉常先生行前，曾和我商量怎樣向哲老進言，方能達成任務。結果，哲老決定回國了，可是當哲老回來時，秉常先生却已遽歸道山，無法高高興興地抵掌歡敍，這眞是最不幸的憾事。

秉常先生身體一向強健，精神更常愉快樂觀。雖然曾在體檢中發現有輕微心疾，但他殊未以爲意。有人說他赴美時，曾在機上預立一遺囑，謂爲不祥之兆。其實他在機上無聊，寫一遺囑，把要吩咐後人的話，都清楚地寫了下來，這正見其從容達觀呢。再看他逝世前兩日，剛由臺灣南部暢遊歸來，辭世之夜，猶與友人促膝歡談。送客分手後不數小時，便告仙逝，眞可說得是幾生修來的福氣。

秉常先生逝世之晨，我將此噩訊報告總統　蔣公，他甚感悼惜，垂詢他的家屬情況甚詳，並囑郎請冠生院長善理秉常先生的後事，及對其尚在就讀的兩位女公子，善加照顧。秉常先生之喪，我亦忝爲治喪會副主任委員之一，且又參與爲其以黨旗蓋棺。駒光匆匆，至今不覺已過十年，追懷秉常先生的神采風儀，猶音容宛在，但他蹤跡已遠，內心實不禁有無限的思慕和感慨。

（民國六十四年七月）

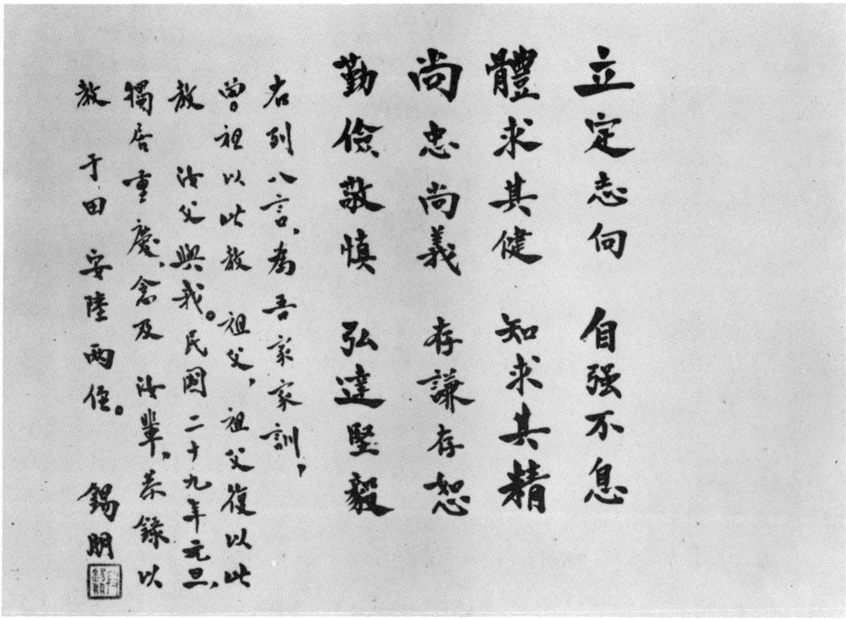
立定志向　自強不息
體求其健　知求其精
尚忠尚義　存謙存恕
勤儉敬慎　弘達堅毅
右列八言、為吾家家訓、
曾祖以此教祖父、祖父復以此
教汝父與我。民國二十九年元旦、
獨居重慶、念及汝輩、恭錄以
教于田安陸兩侄。
錫朋

段錫朋先生遺墨

志行忠毅的段書詒先生

先從我和段先生的關係說起：

書詒先生在北京大學領導五四運動及新文化運動的時候，我雖然尙在廣東高等師範讀書，但也算是這個運動中一名搖旗吶喊的小卒，也是鼓吹新文化運動的新青年、新潮等雜誌的經常讀者和熱心的推銷員。不過，當時聽到這一運動的領導人物，只是陳獨秀、胡適之、傅斯年、羅家倫幾位而已，對於埋頭苦幹，不爲名利的段先生還沒有什麼印象。直至民國二十七年，我辭去國立中山大學法學院院長職務轉赴中央工作之後，才認識段先生，開始發生個人間的關係：

民國二十七年三月中國國民黨中央訓練委員會成立，段先生任副主任委員，（後於三十三年任主委）我任委員。一年後，民國二十八年三月，我任中央訓練團教育委員會主任秘書時，段先生任該會的副主任委員。（二十九年九月任主委）民國二十七年七月，三民主義青年團成立，我與段先生同被派為中央幹事會幹事，段先生並被指派為常務幹事。到了二十八年九月，因修改團章，增設臨時中央監察會，中央團部改組，我與段先生同時仍被派為中央幹事會幹事，並同被指派為常務幹事。當時的常務幹事共九人，每週集會，我們接觸的機會很多。民國三十四年，中國國民黨召開第六次全國代表大會，我和段先生同被選為中央執行委員會委員。

再就我追隨段先生在教育委員會工作中，談談我所獲得的幾點認識：

中訓團教育委員會的主要任務是：㈠審定每期的教育計劃，㈡編定全部課程，㈢約聘講師，㈣選派訓育幹事，㈤策進小組會議，㈥評閱同仁讀書心得，㈦評閱學員自傳及作業，㈧檢討每期辦理得失。

在執行這些任務當中，可以說都是段先生親自策劃主持和監督實施，檢討改進的。我既是教育委員會的首任主任秘書，天天和段先生在一起工作，從他的公生活和許多言論作為中，自然獲得一些認識。這些認識，雖屬日常工作上的一般細節，也可推知段先生的偉大處。

段先生是　國父的忠實信徒，在訓練實施中，認眞奉行三民主義。他對共產邪說，深惡痛絕。在訓練團各期開訓前，段先生在主持訓育幹事會議時，常以認清三民主義眞諦，防止邪說謬論滲入，作重要的訓示。分送學員研參的書籍，以　國父遺教，總裁　蔣公言論，和胡漢民、戴季陶、鄒海濱、陳果夫諸先生的著作為基本讀物。

段先生立身處事，謹嚴不苟，督導所屬嚴而不苛，講求工作效率，同時鼓勵所屬不斷進修，按時交讀書心得，要求訓育幹事，如限評閱學員自傳和作業。對工作進度，指定專人追踪檢查，重視機關內務，注重環境整潔，對辦公室時加檢查。記得曾有一次發現會議室花瓶中的花，將近枯萎，他認爲缺乏生氣，立飭更換。主持會議，要言不繁，聽取報告十分留意；發問扼要，質疑中肯，使無充分準備的人，不敢隨便發言應付。他鼓勵大家要精誠團結，記得某處長與他的所屬科長，因業務上之誤會，發生衝突，至於拍案對罵，某處長乃向段先生告某科長犯上，請予嚴辦。段先生先勸其容忍，然後派員從事疏導，卒使雙方言歸於好。事後，他欣然對同仁表示：「中訓團訓練大家精誠團結，若任由此事擴大，將如何自圓其說，豈不違背了訓練宗旨？」

段先生自奉甚薄，惜物節用：

抗戰期間，物資缺乏，公教人員待遇低，生活苦，可是段先生却處之泰然，絕不訴苦，而且提倡將舊信封翻轉後再用，將領子已經破了的襯衫，把較長的下截剪出來，用來補換新的領子。

段先生公私分明，他公餘返家，經常乘坐公共汽車，有人曾請他乘坐機關所備的汽車，他答以「回家是私事，現在一滴汽油一滴血，不能隨便浪費。」

段先生體弱多病，患有極嚴重的慢性氣喘病，這是大家所知道的，但他雖體力漸衰，仍然強提精神，照常辦公。有勸以出國就醫，或購服歐美藥品者，則答以「病是小事，不能因此而浪費國家外滙。」

段先生非常念舊，對於落魄的友人和所屬工作同仁，多能盡力熱情照顧；對有病住在醫院的，不只親往探問，有時還盡力予以濟助。

段先生不獨不貪財，也不好名，甚至團體舉行紀念性的集體照相，他也極力讓別人前列，他總是退立後排。

現在，讓我從書詒先生的一封親筆信來談談：

「這是民國三十五年十月二十一日他寫給一位他的小同鄉，當時任江西省湖口縣縣長的李箴民（治華）兄的。內容首先說：「縣政以除積弊、保治安，及增進生產爲主要，望把握重點，努力推進。」這足見段先生在三十年前對縣政的指示，很明顯的是爲着實踐三民主義，尤其注重民生主義，眼光何其遠大！

其次說：「聞家鄉人來到湖口有三十人之多，以如此多人，天天在縣署內外，大呼大嚷，勢必引起地方反感，何況能力品德，難期整齊，望汝決心糾正淘汰，毋使事業聲名，由此而敗。」這可見段先生之用人主張，要才德並重，如德性有問題，寧缺毋濫。這一點，在他主持中央訓練委員會時，照編制員額可以用到一百二十人，可是他老人家總不補滿，只用六十多人，這是要貫徹他嚴格用人的主張。因爲他公忠刻苦，以身作則，所以用人雖少，同人也樂於從事而毫無怨言。同時也可見段先生重視輿情，愛護後進，勉以「毋使事業聲名，由此而敗。」

函中再說：「我每日必有來信謀事者，然而眞正要一、二能力高明之人，却沒得到。」更足證明段先生的用人唯才，絕不隨便濫用親朋故舊。

信末一段，是附寫給另一位侄輩葆恒君的，他說：「望汝此番少說話，勿動意氣，細心誠意，切實工作，外邊一切已進步，汝家居十年，須抱學習態度也。」這充分說明了段先生「少說多做」、「虛心學習」的一貫作風，值得人們效法。

由於段先生這一封懇懇切切的親筆信，雖然簡簡單單的二百三十二個字，但已顯示他之信奉主義，與為人處事的基本態度和原則了。

現在，再從段先生親錄的祖訓與家訓來談談：

前天，我偶然在「江西文獻」裏，讀到周邦道先生所寫的「段錫朋傳略」一文，才知道段先生生前親筆立有家訓，乃多方訪尋，更獲悉在段先生自立家訓之前，他的祖父已早定有家訓，這就是段先生的祖訓，他特親書以教其親侄于田，及安陸兩君。祖訓是這樣的：「立定志向，自強不息，體求其健，知求其精，尙忠尙義，存謙存恕，勤儉敬愼，弘達堅毅」。簡短八句，都是教以立志向上，講求忠義的。至於段先生自立之家訓內容，可以說是本諸祖訓精義，加以演繹，期望後輩更能刻苦崇實，節物愛民，讀之覺得眞是勗勉後輩的金石良言。家訓內容如下：

「我家之掌故　祖德何高巍　創業固艱難　繼志亦慘淡　吃得苦中苦　做得人上人
愼言亦愼行　能忍亦能爭　志高而氣旺　自強以自立　勤儉又忠厚　人生宜積極
失敗固不怕　成功亦不誇　小事必嚴謹　大處尤無瑕　心地永光明　胸懷惟寬大
嚴正亦剛直　行堅而務實　尊師且重儒　學問惟崇實　嫉惡惟尙賢　遇強不稍怯

自奉須節儉　急公而好義　予人不稱恩　忠義以自勵　抱仁民之志　存開物之願
運之以剛毅　歸之於宏達　凡此吾家敎　汝輩不可失　矢志求上進　興家與興國
體益求其健　知亦求其精　和諧保天眞　怡情而悅性」

上述家訓，實在是段先生平素力行的項目，在我們看來，也可以說是他的寫照。如愼言愼行，嚴謹無瑕，尊師崇實，嫉惡尚賢，惜物愛民等等，以我過去追隨段先生工作中體驗所得，他確實一一說到做到的。看到他的祖訓，也可知他的家傳厚德，由來有自。雖曰家訓，亦是警世勵俗的良箴。

段先生是於民國三十七年十二月二十六日在上海病逝的。當時我在南京中央黨部服務，接到他逝世的消息，內心非常悲痛，但適値吳秘書長鐵城轉任行政院副院長兼外交部長，所遺中央委員會秘書長職務，我以副秘書長關係，奉命代理，因此不克分身赴上海親臨弔祭，至今猶感遺憾！

段先生身後哀榮，各友好發表了不少紀念文章，如羅家倫先生的「書詒天下才，我爲蒼生哭」、馬星野先生的「哭段書詒先生。」及胡適之先生致段夫人悼函中有「北大的完人」「北大的光榮」等語，都已多所表揚，不必贅述。我只恭錄總統　蔣公三十八年一月十八日頒給書詒先生的褒揚令如下：

「前敎育部次長段錫朋，志行忠毅，學術淹通。早歲遊學歐西，精硏治理，歸國後迭任大學敎授，陶冶有方。嗣襄敎育部部務，並主持訓育事宜，精勤擘劃，譽望咸孚。抗戰期間，經歷尤多艱苦，迺以積勞致疾，久而未痊，茲聞逝世，良深軫惜！應予明令褒揚，用彰賢勩。此令。」

總統　蔣公對段先生如此褒揚，不獨可以讓大家瞭解他一生的品德功業，也足以顯示他立身行事實至名歸的無上光榮。

（民國六十六年三月）

六十二年作者（後中）與梁寒操先生（前右三）等
廣東高師同學攝於寓所

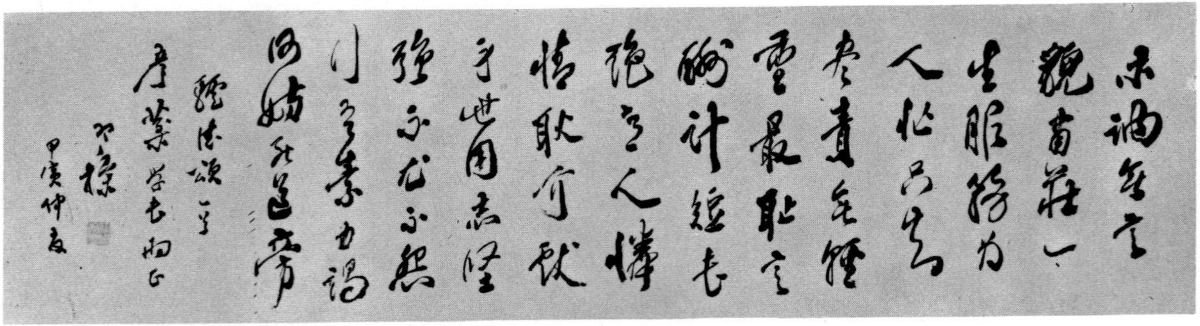

梁寒操先生遺墨之一

恂恂君子梁寒老

民國六十四年二月二十六日下午三時，我正在總統府辦公，突然接到梁子衡兄的電話說：「均默先生逝世了。」使我震驚萬分，叫人難以相信，但子衡的話說得這麼實在，又不能使我不信。放下電話後，我立刻驅車前往三軍總醫院，正擬進入病房探視，據報：均默兄的遺體，已送到太平間去了。隨卽在醫院大門前，會同中廣公司馬樹禮、黎世芬、張炎元、梁子衡諸兄前往太平間瞻仰遺容。覩均默兄逝態十分安詳，足見其逝前毫無痛苦，可以說是他的福氣，但我心裏却有着無限難過的悲痛。

據世芬兄說：中國廣播公司這天下午三時開董事會，均默兄到公司時見開會時間未到，卽回他的辦公室寫對聯。不料，剛寫好坐下，他卽心臟舊病復發，雖經立刻打針送院，途中已告不治，前後才十數分鐘而已。

我和均默兄最後一次的晤敍暢談雖已匝月，但在電話中仍常有通問。他的心臟病原是二十年的老毛病，曾住過好幾回醫院，但他近幾個月來身體却很硬朗，精神也很飽滿。二月十一日是夏曆乙卯元旦，他曾親臨舍下，可惜我不在家，竟未獲晤敍，只見到留下一張名片。當日我也到過他家，他又外出，以致緣慳一面。今竟人天永隔，曷勝耿耿於懷呢?!先是他已送我一副對聯：「盛德日新匡大業，天恩長眷享遐年」，作爲賀我生辰之意。其後他又把三十餘年前爲我所撰的「公餘服務團歌」並加跋語，寫成四幅屛條送我。字寫得異常活潑雄健，精采極了，一定花了不少心力。我心裏還想，這是他精神特佳的緣故，怎麼料得到會猝然而逝呢？他最篤於友情，當我六十生日和七十生日，他都曾撰聯相賀。賀我六十的聯是：「履端肇慶新生命，撥亂持危老黨人」，賀我七十的聯是：「重整山河爲志事，忘懷歲月是眞人」。在他的聯語中，一方面表達慶賀之忱，但都含有相勉相期的深意，眞是道義之交，肝膽相照。

均默兄逝世後，劍虹嫂和上元姪女以其猝然而去，未有遺言，想看看他有沒有預立遺囑，却遍尋無着，再邀同法院公證人前往臺北市銀行大安分行打開他留下的保險箱一看，內除一張租用保險箱保證金的收據外，空無所有。另外留下一個銀行存摺，也只剩存款臺幣三千多元。從這些事實而看，均默兄既沒有留下多大遺產，且又沒有留下什麼遺囑，足見他生平是如何澹泊，如何豁達了。但我們從另一個角度來看，則又覺得均默兄平生著述等身，其書法墨寶滿天下，這不比留下錢財更爲寶貴嗎？他的嘉言懿行，早足爲後人式範，也將永留人間，這不比立一紙遺囑爲更有意義嗎？

在我的同學朋輩中，均默兄眞正可稱得爲一位恂恂君子。他長我幾歲，當他在國立廣東高等師範的英語部就讀時，我還是同校附屬師範裏的後輩，到我升上高師數理化部，他已屬高年班生。大家既不同部，又非同級，接觸的機會自然無多。但是由於均默兄在校中，早就以才華卓越，見重於師長同學間，因此我對這位風采翩翩的老學長，的確十分欽佩，尤其見到他待人接物那種謙和有禮，和善可親的態度，最爲心折。

當民國八年「五四」愛國運動澎湃洶湧，廣州中上各校學生亦熱烈響應，高師、法政、嶺南等校同學，尤居於領導地位。本校的梁翰藻（即均默兄在校時的原名）李樸生等都是其時的風雲人物。我這個小老弟也不甘後人，雖少到校外活動，但以被推主持全校學生會的服務部，且負責「學生貿易部」事宜，竭力推銷當時風行的如「新青年」「新潮」等書刊，對於文化愛國運動，也盡了一分力量。但後來均默兄離校就業，任教於培正中學，從此大家便難得聚晤。直至民國十三年，我仍在校念四年級，就快畢業了，適值中國國民黨改組，國父孫先生定每週到我們校中大禮堂演講三民主義，我自然成爲基本的聽衆，校外各界亦多踴躍前來聽講。均默兄對革命主義信仰素堅，更是每週必到，因此，我們又常見面。不過在聽講時，大家都聚精會神，聽完又都各忙各的，却很少暢敘的機會罷了。

我自十五年初，奉派出國赴法深造，其後又應聘在日內瓦國際聯盟秘書廳服務。均默兄則轉而從事黨政工作，且隨北伐之節節勝利，由武漢而南京，革命任務日益加重，很快就成爲一位頗出名的革命鬥士。我在海外常常聽到他的消息，自是欣慰不已。在這段很長的期間裏，我只在十八年代表駐法總支部囘國出席第三次全國代表大會，才和均默兄獲得重晤的機會，然不旋踵仍復天各一方。至二十四年我雖奉鄒校長海濱先生電召返國，擔任母校國立中山大學（前身卽廣東高師）法學院院長，但均默兄則在南京，彼此仍鮮相見。等到我國抗日戰起，我轉入中央服務，其後在武漢，在重慶，才和均默兄過從密切起來。同時由於工作上的關係，大家更多互相切磋請益的機會。

均默兄任政治部副部長時，我也是政治部的設計委員。我在中央訓練團當訓育幹事和教育委員會主任秘書時，他又是擔任團中的 國父遺教講席。他任三民主義叢書編纂委員會主任，我則在青年團任宣傳處長，並發動徵印三民主義百萬册運動，迨後我受命任立法委員，（訓政時期的立委是任命的）其時他雖已辭去了立院秘書長職，但仍爲立委之一，常同出席，又至行憲後我們都在廣東當選第一屆的立法委員。諸如此類的工作上的連繫與商榷，無疑把我們不論在形迹上或情誼上都密接起來了。使我對他的種種嘉言懿行，認識愈深，愈加欽服。

均默兄自幼就有「神童」「才子」之譽，眞是多才多藝，文章、詩歌、書法，都稱絕詣，其口才亦至卓越，無論演講或平常談話，都極娓娓動聽，最具吸引能力。尤其值得稱道的是均默兄的德行：品格之淸高、信仰之堅定、志節之貞一、操守之廉潔，對國家民族的耿耿忠忱與待人接物的親切和易，以及服務不懈鞠躬盡瘁的精神。他自己曾舉「不驕、不吝、不忮、不求、不卑、不亢、不怨、不尤」八不以自勉，的確能躬行實踐。我們說他已達到純美的境界，實非過譽之詞。所以他生前身後，所有他的長輩、平輩、後輩都喜歡他、敬重他、懷念他，這不是無緣無故偶然而致的。

均默兄從少年卽參加革命工作，自親聆 國父演講三民主義後，對主義信仰益堅。迨 國父逝世，共產跨黨分子卽跋扈囂張，肆放邪說，混淆世人視聽，企圖篡奪黨權。均默兄乃奮起對之痛加闢斥，實爲文化反共的先鋒。其後更無時無地都莫不以宏揚三民主義爲職志，故人戲呼之爲「三民主義牧師」，他也笑而受之。

對於中國固有文化精神，均默兄不特在其詩文言論方面多所闡發，而且事事都以自身見諸實踐。前哲所謂「言忠信，行篤敬，雖蠻貊之邦行矣」，均默兄確然能夠如此。是以他到任何地方，都受到人們的歡迎。卽以他任中央宣傳部長奉命赴新疆宣慰，曾把回教阿洪們說服，大家遵行向國旗及 國父遺像鞠躬致敬的禮節一事，就可以見之。

均默兄最服膺 國父「人生以服務爲目的」之遺訓。他不止對本身所負的任務，孜孜不息，盡力達成，更樂於爲人效勞服務。他以書法名家，海內外人士無論識與不識，爭欲得其墨寶。他則莫不有求必應，每日到中廣公司辦公時，一有餘暇，卽舒紙濡墨，筆不停揮。他此次病發之前，就是當公司董事會準備開會，他已簽了到，但見還有餘時，卽回到辦公室，爲金維繫先生當天代麗珊女士所求，寫了一副對聯。他過去曾做了一首「驢德頌」的律詩：「木訥無言貌肅莊，一生服務爲人忙，只知盡責無輕重，最恥言酬計短長，絕意人憐情耿介，獻身世用志堅強，不尤不怨行吾素，力竭何妨死道旁。」這首詩眞可以說是均默兄「一生服務爲人忙」夫子自道的寫照。因此他對這詩自己頗爲欣賞，最近曾寫了印送許多親友，更特別專寫一幅，裱好致送給我，可見其重視此詩的一斑。

記得民國二十九年秋，我啣命返粵擔任廣東省政府秘書長，曾策動府中同寅組織「公餘服務團」。適値均默兄因事經過曲江，乃請其爲此團撰作團歌。他喜見我這種熱心實行 國父倡導服務精神的做法，正和他的素志相同，立卽欣然撰成給我。這也就是我在前文說過，他於甲寅除夕寫給我的四幅屏條那首歌。其中指出「機關要如學校，飯一起的吃，事一起的辦。」「憂樂要相關，服務要相互。」眞充分說明機關學校化的意義和精神。我曾請音樂名家黃友棣教授爲這首歌譜曲，俾大家傳唱，一時頗爲風行。均默兄將此歌寫好送我之後，又在其逝世前兩天還特別以電話致羅子英同志，囑他轉告我，最好能把這幾幅字影印出來，予以發表，可見他是大有深意的。

自共匪竊據大陸，我隨政府播遷來臺。均默兄違難留港，除在各校任教外，並常爲報章雜誌撰寫鼓吹反共復國及宏揚中國文化的文章。至四十三年奉總統 蔣公之召，他返臺擔任中國廣播公司董事長的職務。先是，臺灣光復之初，均默兄卽曾來臺建立「中華日報」並任董事長，故對臺灣各方原甚諗熟，因而自主持中廣以來，慘淡經營，雖極艱苦，但公司業務亦能順利開展，蒸蒸日上，以有今日的宏大規模。而均默兄於本身任務之餘，舉凡有關公益或屬昌明文教的事情，都莫不樂應各方的推邀，毅然不辭，且復悉力以赴，不負衆望。據我所知道的，好像他爲廣東同鄉會出版「廣東文獻」季刊，爲國立中山大學校友會呼籲在臺復校，都極盡心力，現前者已奠立基礎，仍有待發揚光大，後者更有待促其實現，我們都該共同努力，更要效法均默兄這種服務精神，爲社會公益和公共事務而盡心盡力。

均默兄的嘉言懿行，值得我們懷念和效法的地方，自非本文所能盡其萬一，也說不出我心中的感受和悲痛，只能在匆促中記述一二，藉表對他永遠的懷念而已。

（民國六十四年三月）

貞純清直的一代學人方東美教授

一代學人方東美教授遽歸道山，眞是學術界的一個無可補償的重大損失。我在很早以前，就曾聽到方東美的大名。據說尙在英年，他却已充分表現了卓越才華，而又具有淹貫淵博的學問，心儀不已。後來他於民國二十六年初，應教育部的邀請，在中央廣播電臺裏向全國青年學生廣播：「中國人生哲學」問題，講稿並由中央廣播月刊公布。他的講詞深入淺出，用說故事的方式，把我國先哲艱難締造的泱泱大國和優美文化，灌輸於青年們的腦海，激發他們熱愛國家民族的精神。我當時主持中山大學法學院，對青年問題，特加注意，讀了他的講詞也深爲感動，對他更加欽佩，但恨無緣和他晤談請益，不免引以爲憾。

直到我國抗日作戰，政府播遷入川。中央爲培植抗戰建國的幹部人才，在重慶設立中央幹部學校，方東美教授和我都受聘在幹校任教，於是我們才開始認識。我覺得東美兄溫文儒雅，儼然學者風度。而校中的青年同學，對他的淵博學問和他循循善誘的授課態度，莫不同深愛戴。而且他不僅爲治學教學全力以赴，他的民族意識和愛國精神的高昂強烈，更無時無地不充分表現出來，足以說是一個爲人師表的典範。

我們自從在幹校同事，後來抗戰勝利復員，東美兄仍然一貫不輟地從事他本來那傳道授業解惑的教育生涯，而我則效力於黨政各方面工作，岡位屢有變更。其間大家都因共匪叛亂，環境逆轉，隨着中央政府的移動而播遷，但因各自的工作性質與岡位不同，很難得到開懷暢敍話舊的機會。然而每當聽到東美兄的學術地位愈高，在國際學人間飲譽日隆，亦爲之高興不已。

中央幹校雖於抗戰後結束，歸併於國立政治大學。但東美兄與幹校校友，在數年以前，每逢校慶日，常有敍會，他常被校友推請講話，却很少發言，但校友會的刋物——青泉，常有他親筆而富有教育性的題詞。他對當年兼任幹校校長的總統　蔣公，備極崇敬愛戴。看他在幹校同學所辦的紀念刋物「青泉」上的歷次題詞，便可窺見一斑。如他在六十四年輓　蔣公的聯語中，以周文王（西伯）和軒轅黃帝比擬　蔣公，且於聯後附句表明　蔣公「精神偉大長垂宇宙」。六十五年紀念　蔣公誕辰的題詞，則以「天降達德，救國救民……」等語相稱頌。六十六年的題詞，亦盛稱　蔣公爲「幾千年來一人而已」。凡此皆足看出東美兄敬愛仰慕　蔣公的深心，同時也就充分流露出他對國家民族的深厚情懷。

憶當民國六十三年秋間，國定慶祝孔子誕辰的教師節卽將來臨。總統府向例要舉行慶祝紀念

會，並邀請一位學者到會，主講有關闡揚我國文化和孔聖大道的專題。我因職責所在，想起東美兄是大家公認爲研究中國文化哲學的權威，又聽說他剛於不久前，曾應「國學研究會」之邀，作過關於「儒家哲學、孔子哲學」的一次很精采的演講。因此我特別專誠前往拜訪，並作邀請。可是出乎我的意料之外的，他竟謙辭不允。我當然無法勉強他，但總想不出他不答允的原因。直到我看了他最近才交由「哲學與文化」雜誌發表的前在國學研究會上講的那篇講詞，才稍爲領悟他當年不肯來講的一些原因。依我的推想，大抵他認爲演述儒家哲學、孔子哲學，他有其自己研究的心得和見解，却不能以簡短的詞語就可分析解說明白。若果答應了到總統府作專題演講，爲短暫三四十分鐘的時間所限，實在很難發揮盡致。在此又可以見到，東美兄在學術研究上的實是求是精神，及其嚴謹愼重絕不苟且敷衍的態度，正所謂深具古君子之風者，誠堪當之無愧。

今年（六十六年）初，由於「傳記文學」雜誌舉行關於段書詒先生（錫朋）的「每月人物專題」座談，約了好幾位過去和段先生較有關係的人士，東美兄和我亦在被邀請者之列。在此次座談席上，聽到東美兄的發言，我才知道，原來他曾是「五四」時代南京方面學生運動發難的主要領導人物。他那時肄業教會辦的金陵大學，是一個天才橫溢，成績卓越的高材生。但他對於那些只會說外國語以及一些教會的人，深致不滿，並且曾經在課室中面折濫竽充數的教師，幾乎被開除學籍，而爲同學輩所佩服推重。由於他的領導，首先在金陵大學開始發動，然後再聯絡東南大學等校，把南京的學生運動激烈地鼓動起來。而且他曾獻計在上海方面策動學生的路向和方針，使上海的「五四學運」，也做成一樣蓬勃熱烈。他在這次學生運動當中，還得和由北平（當時仍稱北京）南來的段書詒（錫朋）羅志希（家倫）等國民黨同志，結成了最要好的朋友。其後羅志希奉命負責籌辦中央黨務學校（現在的國立政治大學前身），東美兄也就成為中央黨校最早的教授之一。不過，東美兄抱定教育青年造就人才以為建國根本的宗旨，他從沒有博取高官厚祿的念頭。是以他自民國十三年由美學成歸國，就一直獻身教育，誨人不倦，以終其生。這種敬業的精神，也是最為難能而值得欽敬的。

東美兄於民國六十二年在國立臺灣大學退休，其後又被私立輔仁大學聘其繼續任教。他於授課之外，更復矻矻不息地從事著述。聞其用英文寫作的「中國哲學之精神及其發展」鉅著，於去年初始告完成，本擬於去年秋間，親赴美國接洽出版事宜，後來又聞他以身體不適，遲未成行。但不知其所患何病，而且年初在「傳記文學」的座談席上，還得聆其發言，精神尚無異狀，總以為他不過年老體衰罷了。直至七月十三日，突然得到通知，說東美兄逝世了，不禁愴然驚悼。當天和他的一些學生親友，談及東美兄的身後事時，才知道他自已早留下了錄音帶，對身後事都作了安排。聽到放出來的錄音，但覺其聲調安詳。他說這也就算是一般人之所謂遺囑了，宛如閒話家常，毫無傷感的話。他除掉囑咐對他的喪葬事宜，要簡約而不可鋪張之外，更關心學術文化生命的傳承，切囑門弟子們把他未出版的著作整理、編譯、編輯，及設法刊行諸事。至於家庭私事，却無一語道及。即以此看，足見東美兄的人生修養有素，看破了生死關頭，一切了無罣礙，才克臻此境界。還有，據說他病重時，本已昏迷多日，言語不清。但當彌留之際，却以很清晰的語句，要家人「把國旗掛起來」，之後還喃喃細呼「國民政府萬萬歲」、「中華民國萬萬歲」、「偉大的中華民國」等語。於此更可見出這位一代學人，其對國家民族的忠愛情操之堅強熱烈，眞堪作爲現代知識分子永遠效法學步的楷模。

綜觀東美兄這位哲人的一生：關於他在學術上的卓越成就，世人早有公論，且自有他滿天下的桃李高足，爲其承傳而發揚光大，這是用不着再由我來贅說的。但我却深心佩服他的純粹完美的人格和其直亮清高的風操。他畢生潛心學術文化，辛勤鑽研與傳授，學不厭，敎不倦，克己復禮，不忮不求，以直道交友待人，更無時不以國家民族和人類社會的禍福安危爲念。他眞已做到了蘊涵着忠愛、誠懇、正直、耿介、清高的幾點標準美德，同時也充分實踐了我國先儒所標示「爲天地立心，爲生民立命，爲往聖繼絕學，爲萬世開太平」的崇高意旨。文信國有言：「人生自古誰無死，留取丹心照汗青」，東美兄誠無怍於斯語了。

（民國六十六年九月）

吳康先生（中坐）偕夫人（左坐）五十二年遊日月潭留影

學不厭誨不倦的吳康校長

中華民國六十五年五月十九日，平遠吳康敬軒先生卒於臺北市三軍總醫院。哲人其萎，曷勝痛悼！

敬軒先生的道德學問文章，是大家所景仰的。他不僅是一個學貫中外國際知名的學者，同時也是一個脚踏實地的哲學教授、教育家、著作家。這在治喪委員會所發佈的「吳敬軒先生傳略」裏面，已有扼要的報導。

我和敬軒先生的晉接，已超過五十多年了。我和他有多重的關係，可說是亦師亦友。首先是師生關係：當民國十一年秋，他擔任國立廣東高等師範學校文史部教授時，我是數理化部的學生，雖沒有直接上他的課，但曾聽過他在本校大禮堂的學術演講。彷彿記得他常常戴帽，脚穿一雙半統靴，手中拿着一把雨傘，一副讀書人清秀的面容，那時他不過是二十幾歲的一個青年學者。十三年二月 國父明令將高師、法政、農專三校合併成立廣東大學，是年暑假我畢業於高等師範，校長鄒魯海濱先生留我在母校附屬小學做訓育主任，其時敬軒先生受聘爲廣東大學文科學長，文科設有教育學系，我就抽暇在大學文科選修教育課程，這樣，我就成爲他領導下的學生了。

其次，便是同學的關係：民國十四年廣東大學成立海外部，選派學生十一人，教授一人赴法國深造，敬軒先生是以教授資格被派的。因此，在留法這一階段中，我和他又算得是同學了。

此外，還有一段同事的關係：二十四年夏，我應鄒校長電召，辭掉國際聯盟秘書廳的職務，由日內瓦回廣州，就任中山大學法學院教授兼院長，敬軒先生那時是文學院院長，見面的時候較多，領教當然不少，對他更增敬慕之忱。回憶當年奉派留法的十二人中，除已逝世的以及大陸淪陷這二十多年，完全不通音訊，存亡莫卜的之外，同來臺灣的只有我和敬軒先生二人而已。如今先生走完他的人生旅程，撒手西歸，怎能不令我心愈增傷感！

當我留歐期間，初到里昂，後到巴黎，最後在日內瓦國聯服務，敬軒先生留法六年，始終在巴黎，我們見面的時間雖然不多，僅在巴黎時間有接觸，但我對他敬佩之忱，與日俱增。我發現他的法文，進步特速，而且對拉丁文和德文，也有相當修養，至於中英文根柢，他也比我好，這是使我很佩服的。又我每次訪候他時，見他的寓所，經常堆滿書籍，而且手不釋卷，可見他治學之勤。我又從他的北大同期同學中，知道他在校時一心向學，絕不分心外騖，和許多留法同學所說及他留法的情形，完全一樣，因此他在學術上的成就，超越常人，這不是偶然可以倖致的！

先生在民四十年來臺定居前，曾三任中山大學文學院長，並一度兼研究院院長。又創辦國學專科學校、中華文化學院。（其後改稱文化大學。）來臺後久任臺大教授，並連任政治大學文學院院長，眞可說是一位終身從事高等教育，作育人才，學不厭而誨不倦的教育家了。先生的門弟子很多，確是桃李滿天下，不獨在中國，卽在法國和捷克、比利時等地，亦大不乏人。及門者當中，任職樞要及蜚聲社會的很不少。聞先生之喪，多痛哭流涕，可知春風化雨，感人之深。

去年先生八十壽辰，由親友同學發起商請臺灣商務及正中、華國三家書局出版先生全集八厚册，總計約近一千萬言，爲平生心血的結晶。計包括哲學大綱等共二十餘種，新知舊學，涵養深沉，雖詳徵博引，而要言不煩，對古今中外學術思想，提要鈎玄，嘉惠士林至鉅。至於文筆的優美雅正，縱橫飈發，猶其餘事，實在也可作文學作品來讀。

敬軒先生旣著作等身，其學術思想及治學精神，非這篇紀念性的短文，所能備述。僅就我所見到的，略述數點：

㈠愛國精神和對於三民主義的篤信　敬軒先生是中國傳統型的儒生，雖從不參加實際政治，但他的確是一個熱愛民族富有國家觀念正如先哲張橫渠所謂「爲天地立心，爲生民立命，爲往聖繼絕學，爲萬世開太平」的讀書人。他底著作中許多序跋文字，都以脫稿時或出版時，國家所發生的大事作爲標誌，表示他出版日期和國家民族的關係。例如：在「康德哲學簡編」於四十三年三月出版時，他在後記裏寫着「一屆國民大會二次大會，正在臺北開會」，又「近代西洋哲學要論」的跋語，附記「時爲革命先烈紀念及青年節之次日……」，類此的標記頗多。又如當九一八事變後，他在巴黎參與旅法華僑抗日後援大會時，當場流涕飲泣，不能仰視，都是愛國眞情的流露。此外反共精神，亦足證明他的愛國心。在「宋明理學」一書的後序裏說：「丁玆赤焰燎天，羅刹肆虐，炎黃赤冑，不絕如縷。宜迹前賢之瑰行，以挽民族之危亡，復我河山，保其文化，則理學先賢捨身救國之偉大模範，尤足爲此日反攻大陸愛國志士之激揚蹈厲者也！」從學術說到救國，他眞是一個熱愛民族文化的思想家。

至於他對三民主義的篤信，則以「建設三民主義的文化，爲我們復興民族建設新中國的最高目的，及行爲所求實現的終極理想。」（語見「康德哲學簡編」後序）敬軒先生由於服膺三民主義，自是一個　國父孫先生的忠實信徒，故對於　國父恢復我國倫理道德的主張以及總統　蔣公倡導的中華文化復興運動，都認爲乃係國家社會的大本所在，他自己更以此奉爲圭臬，身體力行。他每年都定時率領家人祭拜祖先，且在祖先神位兩旁，自撰對聯，書好貼上，吳夫人曾記得他於臥病前最近一次所撰聯語：「莊敬自強立國之本，王師北伐還我河山」，是以　蔣公莊敬自強的訓示作爲主題的。他一心一德信賴　蔣公是救國救民的民族導師，備極崇敬。因此去年　蔣公逝世時，家人便把報紙和電視的消息都封鎖了，不讓他病中傷感。到後來他知道了，果然痛哭流涕不已。他念念不忘光復大陸河山，故常常拿陸放翁「王師北定中原日，家祭毋忘告乃翁」

的詩句，勉勵家人。於此等處，在在都表露出他的愛國精神。

㈡治學精神　敬軒先生是一個純潔的書生，專精的學者，我們可以孔子自述的話：「其爲人也，發憤忘食，樂以忘憂，不知老之將至云爾」來形容他。這樣一位畢生研究學術、不慕榮利，而希望藉此以提高我們民族文化的哲人，今天可說已經克盡他的任務以去，但他底立德、立言，一定是永垂不朽的。

敬軒先生學貫中西，他在法國巴黎大學取得博士學位之後，復曾赴德、英兩國研究兩年，探討歐西古代哲學思想，又曾應聘赴捷克及比利時講授中國古代史。因此尤長於對中西思想學術的比較研究。他底全集所論列的古今中外哲學名家，其中重要的淵源派別，差不多都敘述到了。他自謂：「敘述宋元明理學各家學說，有取證於西洋哲學之處，務求稱物平施，不爲影響附會之談。」他的確能貫通中西學術之所長，以造成他自己的學問。在「柏格森哲學」跋語中，他說：「吾人嘗揭櫫人道觀念，爲思想之中心；以道德、知識、藝術爲治學之壇宇；以求善求眞求美，爲程功之目的；以明德統衆善之大全，以知天爲盡心之終極。以此最高理念爲治學運思之標準。」這些話充分代表他的治學精神。值得青年同學們所取徑。

㈢對傳統文化的見解　敬軒先生是五四時代（民九）的北大畢業生，畢業時他的學問已有很大成就了，當時有許多鼓吹新思想的雜誌刋物，他也在這些刋物上發表過一些論著，贊同中國輸入西方的新文化，但他的思想，並非一面倒，和當時流行的風氣，頗有不同。

當時知識界的風氣趨新厭舊，提出科學、民主和「儘量西化」的論調。而且頗多「非孔」及反儒家傳統的思想傾向，有人喊「隻手打孔家店」「把孔子這塊招牌取下來，搥碎燒去。」並認孔道不合現代生活，尊孔、祭孔，毫無理由。進一步於是有人反對讀經，批評所謂「喫人的禮教」，他們認爲必須全盤接受西方文明，才符合「新思潮的意義」。他們又以爲要接受西化，就得全盤接受，沒有選擇和折衷的餘地。

敬軒先生對中西文化的態度則不然，他務爲持平不偏之論，其爲人溫和敦厚，謹守中庸之道。他認定凡對人生與文化所有的眞正價值，必須尊重，並希望經由教育學術，使人類身心，可達到和諧的發展和進步。（參吳著：論中華文化）。他曾說：「盛德大業如孔子蘇公（指蘇格拉底），其旨趣固有所在。（按指人生哲學言）」並謂「允矣君子、展也大成」，惟「孔蘇二聖，足以當之無愧」。他又說：「仁德之涵覆無外，卽孔學之流澤，布護人類於無窮。」（孔孟荀哲學跋語）他這些話，絕不像五四時代的「時髦青年」，想以蘇格拉底來壓倒孔夫子。他以爲中華文化與近代歐美科學文明，可並肩比美，同爲人道史中不朽的盛業；但中國必須兼取世界他種文明（包括歐美科學文明），以構成一綜合體的文化。（所有中國文化優點，必須予以保存，發揮光大。）因而他對今後復興中華文化及中西文化的滙流，具體地指出三點：⑴探討舊文明、⑵輸入新學藝、⑶創造新文化。我以爲他的這種看法，是值得倡導的。

㈣教育理論和教育精神　敬軒先生爲哲學家，爲世所共知，其著述論評，亦以哲學爲主。其實他也是一個教育學家，並能將理論見諸實踐的教育工作者。他有關教育思想的譯著頗多，有人文教育哲學概論、中世及近世教育史，及法國中等教育等書，都富有學術價值。他擔任教授及院長數十年，並在抗戰期間，於民國三十一年在粵北坪石創辦「中華文化學院」，自任院長，以再造文明復興民族為任務，立「文行忠信」為校訓。其間因戰事影響，學院迭經流離遷播，備嘗艱苦，而先生之志，未嘗稍餒。迨抗戰勝利，復員廣州，於三十六年改為「中華文法學院」，三十八年復增設理工學院，成立「文化大學」，先生仍任校長，並揭其旨趣曰：「研究本國學術，輸入歐美學藝，建設新中國文化」。對於施教之方，則曰：「崇道德（一、淬礪身心，二、尊崇仁義，三、砥礪名節，）旨在求善；研學術（一、研究科學，二、陶冶藝術，三、講求體育）；廣智慧（一、訓練邏輯，二、啓發理性，三、探究天人，）旨在求眞求美」。希望藉此可完成再造文明、復興民族之偉大使命，他老先生眞是一個偉大的教育家，他的教育理想和實踐精神是值得崇敬的！關於敬軒先生畢生從事教育的過程，上面已經論列，茲不詳述了。

(五)浩然正氣大義凜然　敬軒先生平生學不厭，教不倦，終日孜孜，以樂育青年為務，謙厚沖和，與人無忤，奸訐之輩，往往以其謹愿可欺。殊不知其外圓而內方，正氣磅礴，實具有「三軍可奪帥而匹夫不可奪志」的偉大氣概。嘗聆其夫人李漱六教授談及：當抗日戰事初起時，有同鄉張某常來訪談，言辭閃爍。敬軒先生於其去後對夫人云：「此人貌忠厚而實奸詐，須愼防之。」其後張某之漢奸面目果然暴露，且慫恿敬軒先生出任僞粵省教育廳長。先生既嚴詞拒絕，且逐而出之。又當毛共匪幫渡江南犯，廣州阽危，敬軒先生卽派員前往香港籌設文化大學之香港分校，決定義不帝秦。時有門人姚某受了共匪蠱惑，迭次造訪。並謂：「老師一向未嘗參與政治，共黨對學術界前輩亦極尊重，可不必他往，仍然繼續留穗辦學。」云云。先生知其思想謬誤，不可救藥。於是不予理會，亦未告以行期，悄然離穗。其後不久，姚某已遭匪殺害，誠足爲投機取巧寡廉鮮恥之鑑。而先生之凜然大義，所謂「板蕩識忠貞」者，皆可於此等處見其梗概了。

敬軒先生對於寫作自傳一事，不感興趣，更不肯把自己生平治學、治事的成就，炫於人前，他充分保持着我國傳統讀書人的態度。僅曾於民國五十五年秋，應邀到香港中文大學新亞書院講學時，一次在留港文化大學校友的宴會中，被堅請難却之下，作過一回簡短的自述，且謙稱爲「生活瑣憶報告」，他這篇報告的大意是：『第一、治學——我性本好文學，尤喜沈博絕麗之文，四部之書，研摩誦習。自期欲於五年之內，盡讀中國之書，謂古今萬有，人倫物理，咸可求之於是。繼治西學，習蟹行諸語，文字領域擴大，新知異論，廣漠無邊，舊日荒誕之情，只堪識者一笑。夙耽名理，誦讀經傳諸子，九流之學，文理在中。繼治西方哲學，自希臘以下，迄於近代，尤愛讀笛卡兒、斯賓諾沙、洛克、休謨、康德、黑格爾之書，思維分析，窮極幽渺，湛思討論，發爲篇章，以冀掇納西哲之文，返闕中土先賢奧義。所謂比較研究，以求進步，蓋此物此志也。第二、思想——生平治學，早歲受中國傳統薰陶，繼治西學，新知挹注，乃以人道爲中心，以科學爲工器，磋劘浸潤，產生新業，構成人道思想，所謂人文主義，復加以現代知識系統，名之曰新人文主義。其內容是道德、知識和藝術，此三要素相互通貫，冲融交會，於以產生理想的自我；集合此等理想的自我，以構成未來極進步之大同社會。第三、辦學——孔子有修己安人之訓，莊生有內聖外王之說，遠慕前修，近加砥礪。生平致力學術研究，庶幾修己內聖之功，辦學從事教育，亦符安人外王之想。以淡泊明志之心，行任重道遠之業。竊願纘續往迹，盛德日新，以求實現「復興民族，再造文明」之最高理想。』敬軒先生在報告詞後，還繫以一首小詩曰：

難憑錦瑟記華年，重到香江月正圓；莫忘綢繆天下計，倚樓再讀大同篇。

敬軒先生這篇簡短自述，不但表現了他的思想的深沈邃密，使人景佩，而且文辭茂美，鏗鏘可誦，足見其文學造詣。尤可敬者，則其立身行道，仁以爲己任的匡時報國情懷，實堪作爲一般讀書人的最好楷模榜樣，亦不愧爲一個學不厭，教不倦的當代哲人。

(民國六十五年六月)

民國五十二年十二月作者連任司法行政部長交接後
與監交人田炯錦（雲青）先生合影

我所認識的雲青院長

司法院田故院長雲青先生，不幸於民國六十六年三月三十日因病去世，無論在學術上和政治上，都是國家的一大損失。

雲青先生自美國學成返國，便一直從事學術和政治工作，由講席而長部會，自邊陲而登樞府，勤勞國事，著作等身，其功名事業，自足千秋，實用不着我再來多說。我只想就與先生交往中所知的一些事蹟，略舉一二，藉表我的敬仰與懷思。

我與雲青先生雖然相交不算很久，但關係却相當密切。我們是在抗戰勝利後召開制憲國民大會時，同爲國大代表才開始過從的。自大陸陷匪政府遷臺後，我與先生便一直保持着密切關係。先生自三十九年起出任行政院政務委員兼蒙藏委員會委員長，其後改任內政部部長，四十九年再長蒙藏委員會，五十二年專任行政院政務委員，先後主持臺北市改制專案小組，行政法規整理委員會暨日韓政經法考察事宜，至五十九年才改任總統府國策顧問。而我則自四十一年至四十七年任行政院政務委員兼僑務委員會委員長，四十九年至五十六年任行政院政務委員兼司法行政部部長。在這段時間，先生任行政院政務委員達二十年之久，我先後亦有十四年，我們兩人都算是在行政院中擔任政務委員期間比較長的。因此接觸的機會也特別多，在每週一次的行政院院會中，我常常得聆先生的高超理論和特具見解，使我更深佩先生爲國之忠與對事之誠。先生改任總統府國策顧問時，我也適任總統府副秘書長，其後先生出長司法院，我則始終在總統府服務。至於在中國國民黨方面，先生在四十一年第七次全國代表大會起任中央評議委員，直至去年第十一次代表大會後，並被選任評議委員會主席團主席。這一段時間，我也始終在中央爲黨服務，先後任第三組主任及常務委員。因此，以黨政兩方的業務關係，我們接觸的機會也特別多。在中國憲法學會，四十二年起我和先生同爲該會理事和常務理事，到六十三年我繼張懷九先生出任理事長時，先生始終擔任常務理事，我們更經常一起從事憲法之研究與探討，常常得聆先生關於憲法方面的超卓理論。故先生之去世，固然國家失一棟樑，對憲法學界而言，也是一宗極大的損失。

先生所居是在臺北市龍泉街八十四巷裏的一棟平房，我則在同巷與先生斜對門而居，也是一棟平房，這是我自遷臺以來直到現在的住所，算起來已二十八年了，除了偶因破漏而稍作修繕外，一仍如舊。我與先生鄰居多年，雖然彼此因工作繁忙，很少有互相串門子的機會，但每在上下班時間，偶或在巷裏碰見，相互道好，則屬常有之事，因此，我對先生的日常生活習慣，自然比一般人也多知一些。

先生幼具異稟，少懷大志，學成報國，身居高位。也許有些人以爲先生一定躊躇滿志了。殊不知先生在公餘之暇，對於讀書進修與學術之著作，眞是無時或忘。先生去世時，春秋正七十有九，在一般來說，可算是高壽的了，但先生並未因此而稍疏研讀，相反的在他生前除了從事公務與定時運動之外，其餘時間常常卷不離手，對有關問題，無不深入研求，將所得筆之著述，立論透闢，閎中肆外，眞是始終無改書生本色。先生藏書固豐，對於中英文報刊及中外有名之雜誌，無不盡力購置。其一生治學之勤，實非常人所可及，這也說明他在學術上尤其對弘揚憲政體制方面的成就，是絕非偶然的。至其著述方面，計有五權憲法解說、憲法論集、五權憲法與三權憲法及荆蔭齋論著彙編及續集各書行世，嘉惠士林不淺。先生這種忠於國事及勤於治學的精神，實足以風末俗而勵後世。

其次說到先生的淡泊生活，可以「樸實無華」一語概之。大家都知道，先生少時畢業於國立北京大學後，卽獲取甘肅省公費留美，分別在華盛頓、密蘇里、伊利諾各大學研攻政法，獲得碩士及博士學位後返國。有些人也許認爲，像這樣一個在國內及美國各大城市求學成長的人，在這不算短的歲月中，耳濡目染，他的生活方式卽使不是十分洋派，也總會多少帶些洋氣罷。却不知剛好相反，先生自學成歸國，由任敎東北，出長甘肅省教育廳而至翊贊中樞，一向都衣着樸素，不時穿着中山裝，遇有重要典禮則穿長袍馬褂，這全是我國讀書人的本色。如果不認識他的人，見到他眞不知他是身居高位的國家棟樑呢！至於日常生活，更屬淡泊自居，不談享受，而且自少至老，長期茹素，不食葷腥，因此先生不特在自己家裏絕少宴客，即外間應酬，也甚少參加。以先生留學外國多年，身膺國家重任達四十餘年，其生活之樸素嚴謹如此，足見廉介自守，堪爲世人式範。

再說到先生爲人做事的有恒，也非常人所可及。我因爲與先生鄰居多年，便看到他對晨間運動，極爲重視，他每天上午七時三十分起，便外出散步，爲時總在四十分鐘至六十分鐘，偶或因上午有要事亟待處理的話，則改在下午六時三十分實行，即使遇着刮風下雨，也冒着風雨照常外出散步，始終不改。從這小事，我們便看到先生做事的恒心與毅力，這也就是他一生獲致成就與得享高齡的重要因素，値得世人效法。

先生勤於治學，已如上述，尤可貴者，先生鑽研學問所得，並不敝帚自珍，他雖備位中樞，公務繁忙，但仍利用餘閒，在各大學兼任教席，又出任私立崑山工專及崑山中學董事長，他對於撰述和講學，都非常認眞，尤以作育英才爲樂，矻矻孜孜，數十年如一日。他這種「學不厭，誨不倦」和「學到老，做到老」的精神，誠所謂踐履篤實，體用兼賅，雖居高位而仍保持學者風度，不改書生本色，無怪他的清操雅度爲學子所崇敬，同儕所欽佩了。

先生爲我國法學界權威，人所共知，其成就本用不着我多所費詞，但由於我與先生在中國憲法學會關係密切，對先生之闡揚　國父思想，奉行總統　蔣公訓示，促進憲政建設等終生努力不懈，實有無限的敬佩。尤其先生對於五權憲法的闡述，有很多獨到的見解，依據歐美學說和我國歷史，闡發　國父遺敎的精義並指出五權憲法思想是世界政治潮流的歸趨，而且先生的憲法論著不僅在闡述五權憲法的理論和原則，更根據　國父遺敎和我國憲草憲法，解答實際發生的具體問題；如在政治協商會議期間，他爲文力斥對五權憲法的歪曲理論，而在我國憲法制定之後，他致力闡釋憲法精義，澄清各項誤解，同時對總統　蔣公的憲法言論和思想，也有很多精闢的闡揚。先生對我國憲法學的貢獻，眞是值得讚揚的。

先生爲人齊莊剛正，淵默謙和，平生不作曠言高論，只求踐履篤實，埋首苦幹，眞可謂「鞠躬盡瘁，死而後已。」先生曾說：「人生斯世，不作大英雄大領導的人，一樣可以對社會有所貢獻。只要修養自己的品德，充實學問能力，無論在社會上負什麼任務，盡己之能，以盡忠職守，都可俯仰無愧。」「在當前革命建國過程中，不分地位高下及事業大小，只要人們能盡己之所能，把自己崗位上的工作確實做好，都會對國家社會有益，如果國民人人都能對其職守盡忠盡責，則國家社會前途，一定會日趨光明。」這些平實的言論，正足以表現先生的高風亮節，清操雅度，將永爲人們所敬仰和懷念。

（民國六十七年一月）

丘逢甲（倉海）先生遺照

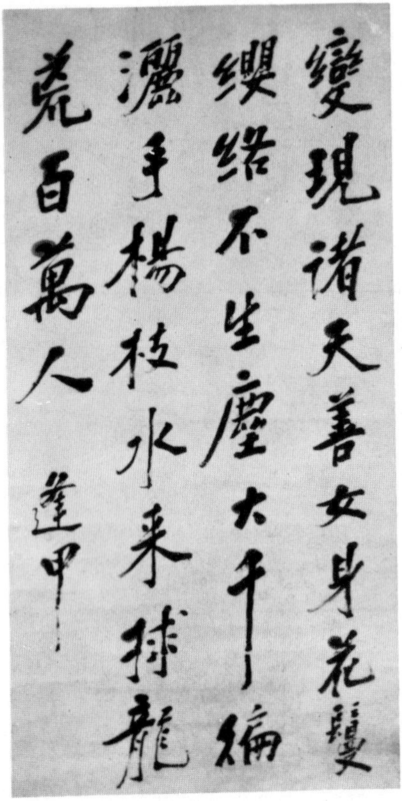

丘逢甲先生遺墨

愛國志士丘公倉海

丘逢甲（倉海）先生的大名，我九歲的時候就已經耳聞了，這是從先母口唱木魚書（註一）中所聽到的。當時民間盛行的木魚書唱詞裏，常常提到　國父孫中山先生以及開國元勳如黃興、黎元洪、胡漢民諸先生。我還記得，倉海先生在廣東厲行禁賭的措施，也被編入民間喜愛的唱本，予以歌頌。這是我幼年腦海中最初有了倉海先生的印象。後來，從書本中才得知這一年，正是倉海先生積勞去世的一年。

及後，我考進了廣東高等師範學校，從旁獲悉我的校長鄒魯（海濱）先生是倉海先生的弟子，從鄒校長的言談中，使我對倉海先生有了更進一步的認識，而且心儀其爲人。

到了民國十三年，我在高師畢業後，奉派參加考察團赴日本考察教育，在東京得與倉海先生的長公子丘琮（念臺）兄認識。他當時留學日本東京帝國大學，是代表留東學生團體，負責接待我們的。民國二十四年我應邀從歐洲回國任國立中山大學法學院教授兼院長，他也應聘在中山大學理學院當教授，我們並且同奉鄒校長的指示，參加七人的專案小組，共商處理有關抗日運動的事件和領導抗日運動的計劃，彼此接觸特多。民國三十年，我任廣東省政府秘書長的時候，念臺兄正在羅浮山（註二）動員民衆抗敵，工作上時有聯繫。三十六年至三十八年間，念臺兄出任中國國民黨臺灣省黨部主任委員，我這段時間先後任中央黨部的副秘書長和秘書長。四十六年至五十年間，念臺兄當選中央常務委員，我在這期間先後任中央第三組主任和常務委員，因而交往日密，我從念臺兄處得知倉海先生生前的事蹟也日多。同時，在我中山大學法學院院長的任期內，主任秘書一直是由念臺兄的令弟丘琳（鎭侯）兄擔任，我和他日夕相處，從他的言談中，也獲悉倉海先生的偉大事蹟不少。因此，我雖未及身獲親倉海先生的風采，但因爲我與念臺兄昆季這樣多重的關係，對倉海先生的瞭解漸多，而對於他的生平事蹟，也就特加注意而益爲崇敬了。

由於上述關係，就所瞭解倉海先生的一生事蹟，以我個人體會所得，深感先生實實在在是一位愛國家愛民族的志士，學到老做到老的教育家，又是一個富有孝道和愛心的孔學篤行者，他的節勁風高，實足爲我們所效法的。

先說倉海先生如何愛國家愛民族。先生幼有大志，博覽羣書，深知國家興亡匹夫有責之義，當他還是秀才的時候，常向當道條陳國家大計，而且頗有見地，及後考中了舉人，再成進士，他更有以天下爲己任的抱負。

當甲午（註三）中日戰事初發，倉海先生對臺灣前途便深爲憂慼，知道日本野心勃勃，早就垂涎臺灣。於是召集鄉民予以訓練，每以大義曉喻同胞，爲保家衞國，維護祖宗廬墓而準備抗拒外國的侵略。當時，清廷尙未有割臺之議，但先生已洞燭機先，因爲清廷已日趨腐敗，日本維新以後，勢必向我國侵略，先生默察興衰，已料及清廷無能拒敵，臺灣便會成爲日寇首先攫取的目標。而自己又不願臺灣同胞爲異族統治，所以預謀保家衞國的對策。

迨甲午戰敗，清廷果然被迫訂立喪權辱國的馬關條約（註四）忍心割讓臺灣，憂國之士，莫不憤激，先生領導臺灣士紳上電清廷表示：「割地議和，全臺震駭。……二百餘年之養人心，正士氣，正爲我皇上今日之用，何忍一朝棄之！全臺非澎湖之比，何至不能一戰！臣桑梓之地，義與存亡，願與撫臣等誓守禦。若戰而不勝，待臣等死後，再定割地，皇上亦可上對列祖，下對兆民。」同時，臺灣舉人適値會試在京，他們也以臺灣被割與日本，同感悲憤萬分，乃伏闕上書，涕泣以爭。無奈清廷懦弱，卒無法挽回。先生眼看處此惡劣危急的情況之下，只有號召臺人，力謀自保，由於他負有重望，登高一呼，便全臺響應，旋卽成立「臺灣民主國」，共圖挽救。

倉海先生之親自領導組織「臺灣民主國」，並非有脫離祖國獨立的意想，相反的，完全是以臺灣爲中國國土，不忍任令淪爲日本所有，使臺灣同胞受異族的統治與凌辱。且以清廷旣沒有能力來保護臺灣，只有自力更生，起而抵抗日本的侵略，以維國土。先生這種苦心，我們可從下列事實予以說明：

㈠「臺灣民主國」成立以後，改元「永清」，表示永遠不忘祖國的意思。

㈡上清廷電文曾說：「臺灣紳民，義不臣倭，願為島國，永戴聖清」。更明顯的表明只是不做日本的臣民，而仍然擁戴宗邦。

㈢向臺灣同胞發表佈告說：「今雖自立為國，感念舊恩，仍奉正朔，遙作屏藩，氣脈相通，無異中土。」也說明了臺灣仍為中國的國土。

㈣檄告中外，大意是說不甘事仇，惟有自主，事平之後，當再請示祖國處理，希望中國豪俠及海外友邦能慨然相助。更表白事平後，主權仍歸中國。

從這些事實看來，只強調不甘事仇，而對祖國一再聲明，誓為擁戴，可見先生是非常愛國家愛民族的。他當時這樣的做法，不過是一時權宜之計，而仍然希望憑臺灣的力量，不讓日本侵佔，再圖機會歸回祖國的。

先生當時以臺灣民主國副總統（總統是原任巡撫唐景崧）兼任義軍統領，加緊組訓，誓死抗日。但以海島孤懸，外援斷絕，加以負責守衛臺北的唐景崧不戰而逃，影響戰局，雖經倉海先生領導繼續苦戰，卒因彈藥不繼而終告失敗。

先生默察當時國內外的環境，敵我的情勢，以及本島的實力和唐景崧的態度，並不是不知道孤軍抗日會遭遇失敗的。可是他激於愛國愛鄉的熱誠，不顧一切犧牲，奮起抵抗，不甘不戰而俯首臣伏於外寇。這種知其不可為而為之的精神，眞值得我們無限敬佩！

先生失敗後，仍志不稍餒，立必死之心，原欲率部入山死守，與臺灣共存亡，後以部將苦勸：以「臺灣雖亡，倘能強祖國，則可復土雪恥，不如內渡。」才決定接受部將請求，忍痛內渡。先生於離臺時，還遙望家山，痛哭流涕，行前並以悲痛之心情，寫了六首離臺詩，道出他的悲憤和不忘光復臺灣的心志。當中最令人感動的有三首：

㈠宰相有權能割地，孤臣無力可回天，扁舟去作鴟夷子，(註五)回首河山意黯然！

㈡捲土重來未可知，江山亦要偉人持，成名豎子知多少？海上誰來建義旂！

㈢英雄退步卽神仙，火氣消除道德篇，我不神仙聊劍俠，仇頭斬盡再昇天。

其後先生所作之詩甚多，大都是感時述懷之作，始終表露他眷戀懷念和不忘光復臺灣，玆選錄三首如左：

「親友如相問，吾廬榜念臺，全輸非定局，已溺有燃灰，棄地原非策，呼天倘見哀，百年如未死，捲土更重來。」

「年年鄉夢阻歸鞍，恨不隨風化雨翰，捲土重來心未已，移山自信事非難。」

「變現諸天說法身，穠香醒夢證前因，徧呼黃帝諸孫起，莫作華胥夢裏人。」

先生內渡抵福建泉州後，仍念念不忘臺灣抗日軍事有關情況，時相探詢，行踪遂被日人獲悉，乃派人向先生誘以高官厚祿，勸使返臺與日人合作，而先生不特不爲所動，反把這個替日本作說客的漢奸，義正詞嚴的加以痛罵一頓。這些文字和行動，說明先生確是一位愛國家愛民族的志士。

也許有人認為先生這樣作法，既知清廷腐敗，無力保衞國土，喪師割地，把臺灣送與日本，而先生仍然愚忠的擁護清廷，豈非思想陳舊，和當時康有為所領導的保皇黨又有什麼不同呢？其實先生的政治思想和行動指標，一切均以國家民族為前提，他對清廷表示忠心，完全是基於愛國的觀念，希望在清廷統治之下求革新。直到臺灣割與日本後，他的做法，固然是希望自力更生，但也希望清廷能痛定思痛，力圖振作，光復臺灣。但當他回到祖國後，眼看清廷積弱日深，改革無望，他便轉變到傾向 國父孫先生所領導的國民革命，到他四十五歲時，還被推為中國革命同盟會的嶺東盟主。由此說明，倉海先生之為國與康有為之保皇，思想上是顯有不同的。

倉海先生富有革命思想，就以他自己的名字來說，「逢甲」的名字，是父親替他取的，意思是先生出生的歲次，恰逢甲子，在舊觀念上，甲為天干之首，子居地支之首，甲子相逢，是吉祥之數，故替他命名為「逢甲」。但先生並不重視這些，當他內渡後所作詩文，便常以「倉海君」為筆名，因為倉海君曾幫助張良為韓復仇，狙擊秦始皇於博浪沙的力士，便是倉海君所介紹的，先生以倉海君為筆名，是表示他對日本不忘復仇之意。正如他把自己的住所叫做「念臺精舍」，給他的兒子「琮」取字為「念臺」，在在都顯出他強烈的愛國愛鄉的情操，念念不忘為臺灣復仇的決志。後來更索性不用舊觀念認為吉祥之「逢甲」，而以「倉海」為名字，這種日新又新的思想，也絕非常人所能企及的。

先生經過了這家國慘變之後，更有感於光復臺灣，必先使國家強盛起來，要國家強盛，便應注重教育。所以他回到廣東之後，便竭力提倡教育，興辦新學，並不斷羅致革命黨人爲教職員，盡力庇護革命志士，以表現他的積極愛國行動，眞教我們敬仰！

先生幾經憂患，竟以積勞成疾，醫藥罔效，不幸於四十九歲正當壯年的時候逝世。當他臨終的時候，仍吩咐家人：「葬，須南向，吾不忘臺灣！」足見先生臨死仍以光復臺灣爲念，可惜他壯志未酬，不及親見臺灣重歸祖國懷抱，這實在是先生的莫大遺憾！

現在談談倉海先生學到老，做到老的精神。倉海先生天賦極高，幼從父（丘龍章號潛齋係一老貢生）學，六歲卽能作對吟詩，七歲能文，到十四歲時，已具備應考秀才的學力了。但以年幼路遠，他的父親乃親自由東勢送他到臺南去應考。這時交通不便，只有陸路可行，而且要走七天，一路翻山涉澗，倉海先生因而兩足生泡，不能行走，要由他的父親背負而行。及抵嘉義，遇到一位秀才朋友，詢悉他們是前去應考，這位老秀才以倉海先生年紀還這樣小，對他的學力有點懷疑，於是半帶玩笑的出了一副對子的上聯，要倉海先生對下聯，藉以試之，他出的上聯是：「以父作馬」，這是指倉海先生由父背着，好像兒子把父親作爲馬一樣的騎在他的身上，倉海先生略加思索，答道：「望子成龍」。意謂父親這樣不避艱苦，志在希望兒子功名有成，老秀才聞後大喜，譽爲奇才。

那次主考的學臺是臺灣巡撫丁日昌，當他巡視考場時，尚未到交卷時限，但見倉海先生已交卷出場，心裏想，這麼年少的孩子，卷交得這樣快，一定是做不出文章，交了白卷，乃詢問他的名字，據答是「丘逢甲」，頗感興趣，因觸動靈機，出一副對聯的上聯是「甲年逢甲子」，要他做下聯，這是相當難對的，可是倉海先生很從容而有禮貌的答道：「丁歲遇丁公」，蓋是年爲丁丑年，而學臺又是姓丁，對得既工整，而又適時適人，使丁日昌爲之贊賞不已。丁學臺又叫他用俗不傷雅的文字，詠臺灣風俗，稱爲臺灣竹枝詞，倉海先生做了一百首，丁學臺閱後，認爲只看對聯和竹枝詞，不用看文章，也可知道一定會錄取了。及榜發，先生果然名列榜首，成了臺灣最年青的秀才，丁學臺高興之餘，贈以「東寧才子」（註六）的雅號，還送了他一顆刻有這四個字的圖章。

倉海先生從幼便力學不輟，時時用功，處處學習，憑着他的天資，加上勤奮努力，詩文進步更快。二十四歲赴福州應鄉試，得中舉人，二十六歲赴北京應試，復中進士，一洗「臺灣蟳」之恥。大概因爲當時臺灣讀書的人不多，加以赴內陸交通困難，費用又大，所以取了秀才之後，大多不往福州應試，而少數赴福州應試的，考中的也不多，所以每被人們輕視，把臺灣秀才叫作「臺灣蟳」（俗稱青蟹），而予以取笑，因爲「臺灣蟳」沒有膏，拿它來譏諷臺灣秀才沒有學問，就像「臺灣蟳」沒有膏一樣。

可是，我們應該知道：現在大不相同了。臺灣光復後，賴總統　蔣公之英明領導，各項建設，突飛猛進，人才輩出，如大專聯考、高考、特考及留學等各種考試，臺灣人士考取的比率相當高，而且常有榮居榜首的。這裏，我舉一件事實來證明，當我任司法行政部部長的時候，所屬司法官訓練所在民國五十一年舉辦第五期司法官訓練時，這一期的同學是司法官高等考試及格的共有四十六人，臺灣籍的佔百分之七十八左右，可見臺灣現在的教育水準，比當年倉海先生時是有天壤之別了。

倉海先生進士中式，殿試列二甲，賜進士出身（註七），派任工部主事。但他無意做官，沒有就任，仍返回臺灣，本教學相長之義，從事教育工作，在工作中不斷學習。先生眼光遠大，見解高超，認爲敎育乃立國的根本，並感舊學無裨實用，所以返臺灣後，主講臺中府的衡文書院、臺南府的羅山書院、嘉義縣的崇文書院以及兼任臺灣通志的採訪師。他的講學重心，都放在中外歷史，與亡大計，以啓廸青年，擴大知識領域，積極從事於教育的革新工作。及由臺內渡返粵，先後受聘主講潮州的韓山書院，潮陽的東山書院及澄海的景韓書院，更以時務策論及實用之學爲講授內容，摒棄八股試帖，首開嶺東新學先河，當時先生不過三十四、五歲，有此輝煌業績，實爲他不斷力學力行的結果。

先生三十七歲創立嶺東同文學堂於汕頭，爲粵東民辦學校的嚆矢，先生自任監督，以歐西新法敎育青年，以革命維新鼓勵學子，所以，辛亥革命，嶺東義士不少出自他的門下。先生辦學，注重管理，堂規嚴肅，學生寢興上課會食等，均依時刻鳴鐘吹號，不稍逾越。並重兵式體操，聘留學英美畢業生和在汕之英國敎習任敎，向惠潮嘉道（當地政府機關）借洋槍給學生實習射擊，每練兵操，先生必親臨監督。

是時中國留日學生，上海愛國學生，鼓吹革命，風氣正盛，同文學堂諸生爭相起應，革命文字，常出現於國文課卷，先生對學生之管理，雖極嚴謹，但對此則絕不干涉，並說：「此天賦人民思想言論之自由權。」此可見先生對革命之立場與態度。

先生深明教育乃強國的根本的道理以及從事新科學研究的重要，故常訓導學生如家有資財，應往東西洋留學，甚至他雖仇恨日本，也鼓勵學生前往求學，他嘗說：「日本吾國仇也，然日本之所以能侮我者，由學術勝耳，欲復仇而不求其學，何濟？」同時，他又重視軍事教育，故每每鼓勵學生及親友子弟投入陸軍學堂，以備爲國之用。嗣後離汕頭赴廣州，任學務公所參議，有關建議，多被採用。以後分別出任廣州府中學監督、廣東教育總會會長、兩廣方言學堂監督等職，他都以政治地位暗中維護革命志士。迨武昌起義成功，廣東軍政府成立，先生復被舉爲教育部長，從事興學，作育人才。

先生在教育上之所以獲致重大成就，是由於他能夠吸收新知識，適應新潮流。他的學問，雖然出自舊學，但他具有深遠的觀察力和正確的識別力，他覺得舊學不足以匡時濟世，所以努力於新學風的創立，以經世致用之學與新知識教育其生徒，在臺灣如此，在粵東如此，在廣州也是如此，可以說畢其生也如此。他認爲救國的基本工作在於普及教育和提高國人的知識，所以，他抱定學到老，做到老的決志，除了他自己力學之外，即致力於教育事業，以身作則來培植教育人才，獎掖後進探求高深學識，以培養國家的元氣。他在廣州多方庇護革命青年，爲的也是要達到這一目的，而且畢生致力於此。先生那種學到老，做到老的精神，眞是值得我們效法。

最後，談談倉海先生的孝道和愛心。先生事親至孝，並推愛及於宗族和地方，由家庭與家族的愛推及於宗族與地方的愛，而後擴及於國家的愛，可說是儒家誠意、正心、修身、齊家、治國、平天下的思想的實踐。當先生領導全臺的抗日戰爭失敗後，他本意是要入山與山胞結合，在峯巒環繞的山區，繼續與日人週旋到底的，其後改變計劃，固由於接納部將的苦勸，但基於孝道顧慮父母的安全，亦爲其中的一個原因。他的父親潛齋先生是一位深明大義的讀書人，竭力贊成他入山抗戰的主張，並且要他勿以父母安全爲慮。但當他的四弟瑞甲爲父親整理寢具，在枕中發覺潛齋先生藏有強烈的毒藥時，才知道父親已經有自絕的準備，決心於必要時自盡以殉臺灣，先生因此不得不以他老人家的安全爲慮，終於決定內渡。

事實上，先生並不固守舊時的禮制，而捨棄他對地方和國家的忠愛。如先生在丁繼母憂的喪期中，他任廣東教育總會會長及廣州府中學監督，同時因爲廣東諮議局就要成立，地方上需要他。所以，他在百日喪期之後卽趕返廣州，做他應該做的工作，後來諮議局成立，他被選爲議長。又他在丁父憂的時候，正值時局最爲動盪，兩廣總督張鳴歧及水師提督李準，立場未明，各方面都敦促先生出任艱鉅，他又不能不在父葬百日後，趕返省垣，以諮議局議長的地位，完成他暗事開導，使張鳴歧、李準及諸文武官員贊成獨立，而兵不血刃的光復廣州的艱難任務。隨着，廣東軍政府成立，先生被任爲教育部部長，及與王寵惠、鄧憲甫二先生同被選爲組織中央政府之粵代表，及後臨時中央政府成立，復被擧爲參議院參議員。可見先生是一個移孝作忠的好榜樣。

先生回到廣東後，雖曾在海陽（今潮安縣）教學多年，但並不在海陽落籍，却回到鎭平（今蕉嶺縣）文福鄉祖先的老家，他說：「祖宗的廬墓是在鎭平的，回來便應回到鎭平，以便春秋可以掃祭。」由此，也可以看出他天性的敦厚至孝。所謂「忠臣出於孝子之門」，先生是一個最好的證明。

先生熱愛地方，最重興利除弊，愛護民衆。例如，賭博爲廣東的不良風氣之一，由來已久，爲害至深。先生出任諮議局議長，便不避權勢，以迅雷不及掩耳的手法，通過禁賭案，而獲得萬民歌頌，連廣東民間唱本的木魚書也以丘逢甲苦鬥惡勢力，實行禁賭爲題材，使他響亮的名字，在廣東更是口碑載道，家喩戶曉了。

先生的學生中，有參加革命工作的，他也推出愛心而盡力予以庇護。最顯著的就是他特別愛護他的門生，我的老師鄒海濱（魯）先生。海濱先生是如何成爲倉海先生的學生呢？原來海濱先生當時初到廣州，本希望投考師範學校，結果却由於沒有師範學校可考，同時，潮嘉學子到廣州的，大都想進師範學校，也都無校可入，因此而激發這少年革命黨人的雄心壯志，以二十二歲的求學青年，認定目標，到處奔走宣傳，請人協助，卒於在廣州創辦了一所潮嘉師範學堂。在這時候，他聽到倉海先生抵達廣州，因爲素仰他的爲人和熱心教育，於是專誠前往求見請益。倉海先生和海濱先生談了一會，忽然問海濱先生：「你是世家子弟嗎？」海濱先生答道：「不是。」倉海先生又問：「你是富家子弟嗎？」海濱先生答以：「也不是。」其實，海濱先生的父親鄒應淼，是個獨子，幼失怙恃，成爲孤兒，賴祖母撫養長大，小時候便遭洪楊之亂，家產蕩然，窮得用蚊帳作被褥，以過冬天，成人以後做小裁縫，故海濱先生原是出身寒微，後來是靠勤勞努力與苦讀而成名的。倉海先生再問：「那末你有富貴的親戚嗎？」海濱先生答以：「也沒有。」倉海先生聽了這樣的回答，頗感詫異的喃喃自語道：「貧寒子弟那會有這樣的汪洋浩大的氣度呢？」繼而毅然的說：「好！你從此就算是我的學生吧！」這就是黨國元老，前國立廣東大學校長（後來改稱爲國立中山大學）我的老師鄒海濱先生成爲倉海先生學生的經過。事後海濱先生認爲：「坐談半小時，竟得一位老師，而以後於做事多所提携，革命多所庇護。人生得人識拔，眞是一樁不容易的事，而我於偶然中得之，一方面當然感激丘先生的知遇，另一方面更增強了我的努力。」（見鄒著：回顧錄一九——二二頁）

至倉海先生對海濱先生又如何的關懷與愛護呢？當倉海先生兼任兩廣方言學堂監督（即今之校長）的時候，他知道海濱先生每個月的收入，除了自己開銷，滙寄家用，接濟同志和奔走革命運動的用度，無論如何撙節，總是入不敷出的，因此，他便要海濱先生到方言學堂兼一份敎職，擔任講授國際公法、經濟、財政等科，讓他每月增加收入，這對海濱先生來說，是一個很大的補益。其次，倉海先生曾兩度救過海濱先生的命：第一次，海濱先生在倉海先生主持的諮議局常書記，因宣統二年多倪映典在廣州策動新軍起義事洩，時海濱先生被推赴潮州汕頭，運動當地民軍響應，聞事敗，趕返廣州，從事營救新軍工作。不料廣東警方搜獲了起義黨人的名單，內有海濱先生，於是向諮議局謁見倉海先生，要求他交出人犯，詎料倉海先生把名單一看，便大義凜然的抗議說：「這鄒某是我平素最信任的人，假使他是革命黨，那麼我一定也是，如果要按名單捉人的話，請先從我捉起。」倉海先生這樣義正詞嚴，使對方雖然握有證據，也只有見風使舵，強笑的說：「這不過是他們報告的名單，鄒先生既然是個好人，想必是他們誤報了。」這樣的自找下臺，海濱先生乃告平安無事。（見鄒著：回顧錄二九——三〇頁）第二次，是黃花岡之役，海濱先生正在主持革命的宣傳機關「可報」，同時，在諮議局暗藏軍火彈藥，以備接濟革命黨人，事敗後，他仍留在廣州，一面妥爲密藏諮議局內的軍火並燬滅有關文件，一面繼續設法救護在廣州東逃西躲的革命同志，但不數日倉海先生由鄉間匆匆趕到廣州找他，警告他說：「你參加這次起義的證據，已被清吏搜獲，你應該立卽避開爲要。」海濱先生迫於無奈，決定出奔，才又一次倖免於難。（見鄒著：回顧錄三九——四〇頁）

倉海先生這樣的事親孝，爲國忠，推愛以培育人才，庇護革命青年義士，可說懷忠蹈義，言行一致。他的孝道與愛心，眞足爲我們的楷模！

從上述倉海先生的輝煌事蹟看來，深深感到他的偉大精神，在我們目前的反共復國行動中，實爲每一國民所必需具備和發揚的。我們的復興基地，幸賴總統　蔣公的英明領導，政府不斷的積極建設，已建立了深厚的復國建國力量，只要我們一面本着倉海先生愛國家愛民族的志節，互相激勵，力行三民主義，共爲光復大陸而奮鬥，一面遵奉 總統 蔣公「中興以人才爲本」的昭示，實踐倉海先生學到老做到老的美德，從事興學育才，厚植復國建國的力量，並發揮倉海先生基於孔學精神的孝道和愛心，身體力行，以改進社會風氣，復興中華民族文化。這樣，相信我們必能摧毀共匪暴力政權，重建自由平等的新中國。

（民國六十六年七月）

附註

註一　「木魚書」，係以古今歷史及民間故事爲內容的廣東民間唱本。

註二　「羅浮山」，是廣東名山之一，西距廣州二百餘里。位於增城縣之東，並跨連河源、博羅、龍門等縣，蜿蜒數百里，名勝極多。

註三　「甲午」，係清光緒二十年（公元一八九四年），民國紀元前十八年。

註四　「馬關條約」，甲午戰敗，清廷派李鴻章赴日與其首相伊藤博文議和於馬關所訂，其中主要的爲割遼東半島及臺灣澎湖與日（遼東半島後因俄、法、德三國干涉，由我出款三千萬贖還）及賠償兵費二萬萬兩。

註五　「鴟夷子」，范蠡浮海出齊，隱姓名，自號鴟夷子。

註六　「東寧才子」，在明末清初鄭成功治臺時，臺灣曾稱爲東寧府。

註七　「二甲賜進士出身」，進士中式，再經殿試，按成績分列三等，其中一甲三名，爲狀元、榜眼、探花，「賜進士及第」。第四名以下若干人爲二甲，「賜進士出身」，再下若干名爲三甲，「賜同進士出身。」

鄭品聰先生七十壽慶偕家人與作者合照

致力東臺灣建設的鄭品聰先生

今天是臺東縣各界爲紀念鄭故立法委員劍侯先生，建立銅像舉行揭幕儀式，彥棻應邀來臺東參加這一典禮，感到非常的榮幸，也感到無限的懷念。劍侯先生去世，雖然已經三年，但是我們相信：他將會像這座銅像一樣，永遠栩栩如生的活在大家的心中。

今天參加的來賓，不是劍侯先生的家人、親朋、故舊，就是臺東地區各界的代表人士。大家對於劍侯先生生前的事功，以及他對國家社會和臺東地方的貢獻，自然都有深刻的認識。但劍侯先生遺留給我們的，除了這些事功和貢獻以外，更重要的，還是他創造這些事功和貢獻的奮鬥精神，及其遠大的目標和抱負。所以我們深信，今天臺東各界舉行劍侯先生銅像的揭幕典禮，除了表達大家對他無比的懷念、追思和敬仰以外，尤其要使劍侯先生生前爲國家爲社會服務的精神，能夠繼續的發揚光大；使他生平從事建設臺東，繁榮臺東的目標，能夠在大家共同努力下早日完成，這樣才是紀念劍侯先生的眞正意義和應有的努力。

記得總統　蔣公在一篇訓詞裏曾昭示我們：「做人的義務，小則能助人愛人，爲一鄉一族服務，大則能救國救民、救人救世，爲國家民族，爲世界人類服務。」在我的認識中，劍侯先生眞正是遵照總統　蔣公這一昭示去身體力行的人。早在日據時代，他就以一個二十歲左右的年青人，痛恨日人對於臺灣同胞的横暴和欺凌，決心獻身國家，加入中國國民黨，秘密宣揚主義，進行抗日活動。中日戰爭發生，他更環島奔走，號召同志，並爲祖國政府相接應，因此而被捕入獄，備受酷刑而不屈不撓。這種堅貞剛毅的精神，代表了眞正的中華民族精神。此後劍侯先生，便成爲中國國民黨的忠誠黨員，奉行　國父遺敎的忠實信徒，不斷爲黨國效力，始終不懈。

臺灣光復，劍侯先生擔負東臺灣區的接管業務，盡心盡力致力於重建工作，表現了他任勞任怨，大公無私的本色。接着先後當選臺灣省臨時參議會第一屆參議員，制憲國大代表，和立法委員等等。以後並兼任了爲時很久的臺灣省縣市公職選舉罷免監察委員會的主任委員。這些職務，使劍侯先生對我國的民主憲政和臺灣的地方自治，都有了不可磨滅的貢獻。

劍侯先生對於地方建設工作的熱心推動，也是令人感動的。在我的記憶中，在他生前只要關係到東臺灣的建設工作，要與中央決策部門，政府主管單位，商討、協調、推進的時候，似乎都是他興沖沖的領着一批人去分頭接洽，盡力促成，而且是勞怨不辭。無怪一位臺東地方人士，在劍侯先生去世後告訴我說，現在臺北少了一位劍侯先生，很多臺東人到臺北辦事，便少了一個指引的人。這正是劍侯先生熱心地方事務的最好說明。在他致力促進的東臺灣建設中，最值得一提的，就是他努力促進環島鐵路的興建。好多年前，他似乎曾被推擔任環島鐵路興建促進委員會的主任委員。現在他這一理想，終於實現，北迴鐵路已列爲政府當前九項建設之一，一俟完成，對東部地區發展和繁榮，當有無比的貢獻。

過去有些人提到東臺灣，就會說是「落後的東臺灣」。我是最反對這種說法的人。我認爲如果一定要在東臺灣上面加一個形容詞的話，應該叫它做「亟待開發的東臺灣」。因爲東臺灣地區，有的是大海、高山、空地。其中的森林礦藏和漁業，都有待大力去開發。只要我們盡力去開發，到處都有豐富的資源；只要我們能刻苦努力，就能變荒野爲綠洲，化無用爲有用。司法行政部設在這裏的外役監，便是一個最好的實例。他們在無用的河圳地上，胼手胝足，埋頭苦幹，改良土質，築堤防洪，辛勤播種，使荒涼的河床，成了一座綠油油的農場。所以我深深的相信，只要我們大家切實的發揚劍侯先生生前這種服務桑梓的熱誠，本着「事在人爲」和「人定勝天」的奮鬥精神，共同努力，必能達成劍侯先生生前建設臺東，繁榮臺東的美好的理想。這樣，才不辜負臺東縣各界建立銅像，紀念劍侯先生的一番深遠的意義。

謝謝各位，並預祝東臺灣建設成功！

（民國六十三年八月）

愛國音樂家朱永鎮教授

（一）每懷忠勇、耿耿難安

音樂家朱永鎭教授，於民國四十五年五月八日在泰國中華會館被共匪縱火遇難，迄今已整整二十年了，朱教授的親友經定於五月八日在臺北市善導寺舉行追悼，以示哀思。

在這二十年的歲月中，我每懷忠勇，耿耿難安！幸永鎭教授的公子曉臺、女公子苔麗在朱夫人楊教授海音的栽培教育下，已長大成才，使我稍感安慰。

朱教授是我服務僑務委員會及中央第三組時，派赴泰國華僑社會講學的一位傑出音樂家。當時與朱教授同行的還有歷史學家黎東方教授，同時派在泰國督導黨務的梁子衡同志。

共匪縱火燒燬中華會館時，黎教授適赴新加坡；原跟朱教授一起住在中華會館的梁子衡同志亦因其太太赴泰而遷居旅店，故使匪徒預定一網打盡的陰謀無法得逞。但由於朱教授的遇難，已使我音樂界喪失了一位優秀的英才；使國家民族喪失了一位忠勇的楨幹！

（二）無僑教即無僑務

回憶當年，我邀請一些學者專家出國講學，是我對海外工作的一種重要措施。我記得當我擔任中央改造委員會第三組主任及稍後又兼任僑務委員會委員長，先後訪問亞洲及美洲若干地區返國之後，我曾提出一些最基本的觀念。在精神上，我的主張是：「非以役僑，乃役於僑」；在政策上，對華僑組織是：「輔導重於管理」、對華僑經濟是：「鼓勵由商業資本轉爲工業資本」、對華僑教育，則提出：「無僑教即無僑務」的號召，以期引起海內外人士的重視。

我瞭解，僑教不只是學校教育，而應包含社會教育和家庭教育。我當時選派學者專家出國講學，便是我加強海外華僑教育每項措施中的一種計劃。我選派的對象是以三民主義理論家、匪情專家、歷史學者、教育家和音樂家爲主，希望以主義，以歷史在海外華僑、華裔青年的腦海中植下愛國家愛民族的思想，以音樂啓發他們朝向正義，朝向光明的心靈。

朱永鎭敎授於民國四十四年八月偕同彭震球、陳致平和蔣廉儒三位先生赴越，四十五年五月偕同黎東方先生赴泰，他就是擔任音樂傳揚與敎育的工作。

（三）辛勤耕耘、豐富收穫

朱教授遇難那年只有四十三歲，他自畢業於上海大夏大學化工系及國立音專之後，一直都是擔任音樂教育的工作。朱教授爲一男低音歌唱家，復善奏低音提琴，並爲一自由交響樂名作曲家，其作風是以發揚民族精神爲主，其所著樂章達五千餘頁，包括「中國夜鶯組曲」、「幻想風之臺灣組曲」、「魔鑰芭蕾舞曲」、「陽關三疊」和「邊城組曲」等等。

鑒於越、泰華僑青年經過朱教授的訓練鼓舞後，當地音樂組織如雨後春筍，音樂運動蓬勃展開，證明朱教授辛勤的耕耘，已得到豐富的收穫。

泰國華僑各界追悼朱教授特刊，曾刊載一位名叫「寒鳴」的青年，以「火樣的音符」爲題的一首悼念詩，其中一段這樣寫着：「火燬滅你寬厚的男低音，但燬不了你留下來的音符。每組音符，每組樂譜，每組旋律，每組節奏，在活者的心中，燃燒着光明的熱望，謳歌着民族的怒吼！」這首詩足可以代表越、泰華僑青年對朱教授崇敬的心聲。

後來，我爲了以行動來答復共匪縱火焚殺朱教授的陰謀，我特別在香港邀請名音樂家黃友棣、陳世鴻兩位教授赴泰繼續倡導反共音樂運動，化悲憤爲力量，使泰國華僑社會再度掀起反共音樂的怒潮，藉以告慰朱教授在天之靈。

(四)犧牲雖大、貢獻極高

在海外，共匪一向認爲華僑大多存有三種感情：一爲文化感情——倫理、一爲政治感情——

思想與制度、一爲鄉土感情——地域。共匪統戰技術的「僞笑」、「謊言」、「魔歌」，都是針對這三種感情來施展。所謂「魔歌」，就是指它的歌唱和音樂運動。它們企圖先使青年入邪，再而腐化，進而瘋狂，最後受它整個掌握。我當時決心加強海外反共音樂活動，除了加強華僑教育之外，也是針對共匪海外宣傳統戰而來的。

朱教授不幸的犧牲，無疑的是音樂界的一大損失，但因此而激發海外僑胞的反共救國精神，其貢獻却是非常深遠的。二十年前，當我接到朱教授不幸的消息的時候，曾感到無比的哀悼，由哀悼而感到無限的敬佩！

正如當時和朱教授同行的黎東方教授在追悼永鎭先生的「悼辭」中說：「永鎭：你最能感人之處是有信心。你深信壞人必敗，好人必勝，你深信愛的力量一定能夠戰勝恨的力量。你愛中國，你愛同胞。你珍惜孔子以來優良的文化傳統，你敬佩百折不回的民族領袖　蔣先生，而自願貢獻你的一切於他的旗幟之下。這就是求仁得仁，無愧於列祖列宗，足以頂天立地，自見於幾萬萬的父老昆弟之前。」

死有輕於鴻毛，有重於泰山。朱教授雖被共匪焚殺，而精神永在。他眞正活在千千萬萬同胞，特別是海外華僑青年的心中。

（五）夫人傳學、兒女有成

照遺軍將貴瑞張

總統　蔣公在南京召見張瑞貴將軍（右一）合照

百粵猛將張玉麟將軍

百粵名將張瑞貴號玉麟將軍逝世，轉瞬已居週年，緬懷將軍久任軍職，在國家安內攘外的戰門中，立下了不少汗馬功勞，退役後擔任國民大會代表，光復大陸設計委員，匡助國是，以迄去世，可謂功在黨國。際茲週年紀念，謹就我個人對將軍平生的體會，略舉一二，藉表懷思。

玉麟將軍的大名，我早已熟聞，他忠誠爲國，英勇殺敵的事蹟，也聽過不少，實在心儀已久，只是無緣及早識荊而已。直至我國對日抗戰期間，他任陸軍第六十三軍軍長，負責擔任粵東防務，我於民國二十九秋至三十二年春間，雖亦任職廣東省政府，但在這段時間，只是當他偶然回到曲江向第七戰區司令長官部述職時，在某些集會上，才有機會和他見面，相互間仍然沒有深切的認識。後來，大陸陷匪，我們都隨着中央政府播遷到臺灣來，接觸的機會較多，才漸漸瞭解將軍是一位外方內圓、和藹可親、誠懇正直而富有修養的長者。有時談到他的事功，他每每自謙的說：「我是一個老粗，只懂得要鎗桿，却不懂得要筆桿。」「做一個馬前卒，稍稍盡軍人的天職，深愧能力有限。」這種不矜功伐任重致遠的精神，更使我倍加敬仰。

玉麟將軍素以「猛將」見稱，他生平事蹟，用不着我來贅述。但他一生具有忠勇的品德，和奮發向上的精神，實爲時下所不可多得者，殊堪風末俗以勵後世。

先說玉麟將軍的忠。我曾於「陳伯南先生逝世二十週年紀念集」中，讀過他所撰紀念伯南先生的文章。他自稱是出身行伍，由傳令兵洊升至旅長的，並認爲開始所服務的軍隊，係屬於殘餘的軍閥部隊，間接受北洋軍閥的指揮，和國民革命軍是敵對的。但當陳伯南先生曉以大義，勸其棄暗投明爲國民革命效力之後，他毅然信服，願被收編，而且由旅長降一級改任團長，參加革命陣營。更表示：「官雖然低了一級，但心情是開朗得多了。」他這種敝屣高秩，忠於國家的精神，實在令人非常感動。後來他進一步篤信三民主義，也謙稱是由於伯南先生的啓發。他從此崇敬 領袖，服從長官，從事對內反共，對外抗日，迭建殊勳。其戰功顯赫者如民十六年豐順湯坑之役，奮勇擊潰賀龍、葉挺兩匪部隊，粉碎其欲在廣東建立蘇維埃之陰謀，及民國二十八、二十九年間，參與粵北兩次抗日會戰，負弩前驅，獲得大捷。其後獲得總統 蔣公的賞識，先後委充粵桂南區清剿總指揮及廣東綏靖公署副主任，這純是由於他對於黨國的忠誠。

其次說到玉麟將軍的勇。他相貌英偉，生成虎頭豹眼熊腰的體型，軍中譽之爲「生張飛」，令人望之敬畏。我曾讀陳伯南先生自傳稿，獲悉了一段事實，就是民國二十二年伯南先生出巡東江，當抵達揭陽時，當地駐軍部隊及縣府官員羣集碼頭歡迎。伯南先生登岸後，突有一穿軍服之班長持函交他，跟着左手握手榴彈高舉，右手執伯南先生衣領聲稱對不起，伯南先生乃喝問何事，該兵竟面部變色，時伯南先生已緊執其握手榴彈之手，而該兵又右出尖刀。正在千鈞一髮之際，在伯南先生身旁之玉麟將軍，覩此危急情況，竟奮不顧身，突然用手將該兵猛力一推，將其摔出數丈之外，該兵所持之手榴彈亦即隨之爆炸，伯南先生幸告無恙。後來伯南先生曾賦詩以記之，詩曰：「身懷榴彈袖懷鋒，携牒趨前便逞兇，幸我臨危能鎮靜，故人一掌有神風。」並附註詩中所稱「故人」，就是玉麟將軍。其次如民國二十八年日寇犯粵北，他率部迎戰，不幸前線敗潰，聯絡中斷之際，其部屬向之報告情況危急，請示進止時，他竟從容表示：「敵來繼續抵抗，死而後已，何足懼哉！」因他的勇敢鎮定，卒以轉危爲安。這種視死如歸，冒險犯難的勇氣，十足表現軍人義勇敢死的本色。

最後談到玉麟將軍的奮發向上。將軍出生寒微，家境貧困，幼年失學，十四歲始就讀，亦時作時輟。二十一歲便投軍，可見其早年所受教育不多，但出任軍官之後，深知從事軍務須具充實之知識，始足以應付艱鉅，乃立志讀書，努力求進，因而學問日有進步，浸而不只文理通順，且撰著「戎間集」上下卷問世。由於他這種奮發向上的精神，更獲得總統 蔣公特達之知，特准晉入陸軍大學以函授方式進修。一般而言，如玉麟將軍出身低微，而當到高級軍官如師、軍長者，大都躊躇滿志，不事學問了。但他獨異於此，不以目前成就爲滿足，銳志學習，力求充實自己，這種精神，尤堪爲青年模範。

綜玉麟將軍一生愛國之忠，作戰之勇，奮發向上，盡責職守，先後參加國民革命、抗日及剿共諸役，富有貢獻，屢獲勳奬，實由於他的不自菲薄，立志向上，並非倖致的。今日在玉麟將軍逝世週年紀念當中，謹略述所感，以提供後輩青年，作爲步武效法的榜樣。

（民國六十七年三月）

薛仙舟先生二、三事

本年七月二日爲中國合作導師薛仙舟（頌瀛）先生百年誕辰，各界爲此，與慶祝第五十五屆國際合作節聯合舉行紀念，九十五高齡的薛夫人韋增佩女士也不避酷暑，遠道從美返國參與盛會。我有幸應邀參加，得聆讀有關仙舟先生生平的報告和文字，使我對他加深了認識和敬佩。

仙舟先生是在民國十六年去世的，時年僅五十，當時我二十五歲正在法國研讀，雖然在他生前與他尙無一面之緣，但久已聞他的大名，知道他是一位合作運動的領導者和一個實事求是言行不苟的道德君子，對他心儀已久，當聽到他的噩耗時，心中如有所失！因爲我也正在法國巴黎大學從事合作原理的研究。

我之選擇合作原理的研究，有兩種因素：第一、是受　國父思想的影響，　國父在我的母校廣東高等師範（後改爲國立廣東大學，　國父逝世後復改爲國立中山大學）演講三民主義時，我是高師部四年級的學生，也剛好於上一年正式加入中國國民黨，遂成爲基本聽衆之一。國父是先講民族主義，次講民權主義，最後講民生主義，但是他認爲民生是歷史的重心，也是社會進化的原動力，而社會進化首先要謀「衣食住行」等民生問題的解決。至解決問題的方法，則主張採取王道的辦法，故倡導推行合作運動，以達到分配社會化的目的。這分配社會化的理想引起了我研究合作運動的興趣。第二、是當時世界最有名的合作運動大師季特教授(Prof. Charles Gide)，還在巴黎大學執教，我因爲仰慕他，不肯輕易地錯過這一大好機會，就跟他研究。原來我要寫的博士論文，也是以我國合作運動爲範圍的。

我對合作理論的初步接觸，則是戴季陶先生所著「協作社的效用」的一本小册子。這原是季陶先生在民國九年六月所寫的一篇文章，介紹 Cooperative System 和 Cooperation。當時這種制度和組織傳到中國不久，有人譯作合作制度和合作社（現已通用），但季陶先生認爲「合作」不如「協作」之雅切，因此譯作協作制度與協作社，特爲文介紹，認爲這一種正在歐洲發展的組織，雖有妥協性，但能排除資本主義的災害，也符合中國的古制和當前需要，有許多效用，值得廣爲提倡。跟着，他還親自起草了「產業協作社法草案和理由書」，以利推行。後來，由中央宣傳部彙集出版了一本小册子，列爲國民黨叢刋之五，仍以「協作社的效用」爲名。（其後合作之名，隨仙舟先生努力而普及愈廣，入人愈深，季陶先生遂捨「協作」而用「合作」。）我在廣州什麼時候看到這本書，已不復記憶，但記得當時讀後，對這一制度和組織，深感興趣，覺得很合中國的需要，有意作進一步的研究。後來我到了法國，季陶先生書中所曾介紹的法國老教授，經濟學名家季特先生（Prof. Charles Gide），還在巴黎大學講課，我便去聽他的課，從事合作運動的研究。民國十八年，我回國參加本黨三全大會時，曾有考察國內合作事業的計劃，因事沒有實現。民國二十二年回國，才到各地考察鄉村建設，也特別注意當時鄒平和定縣的合作組織，這些都是受季陶先生這一小册子和聽了 國父演講的影響。自然，當時仙舟先生在國內倡導的合作運動，正在開展，深受各方注意，對我的吸引也是重要原因之一。雖然後來我除了曾在中山大學法學院講授合作論和曾著有「合作教育的研究」一書外，並沒有從事合作運動和合作事業的實際工作，但直到現在我對合作運動還深感興趣。

仙舟先生先後留學美國及德國，攻研經濟、銀行及合作等科，當他在德國就讀時，國父為組織留歐學界革命團體而抵德國，常約我國留德學生在寓所討論國家今後建設之事，仙舟先生每每於座中就他研學所得提供意見， 國父對之頗為心許。所以後來當他學成回國，去晉謁 國父時， 國父要他留在國內負責一家銀行的重任，但他認為自己剛從外國念完書，對國內有關情形，還未十分明白，為國服務，應該從基層來幹起，不願意接受 國父的好意來任銀行的重要職務。這在一般人，正是奔走鑽營，求之不得的際遇，而他却毫不猶豫的婉為辭謝！後來他獲得各方面的尊敬和重視，絕非偶然。

胡展堂（漢民）先生對仙舟先生此事，便極為讚佩。有一次，我從法國回國，得一機會拜見胡先生於他的南京寓所，當時正有一位也是從法國回來的留學生也在看他，這位留學生拿了一封信給胡先生，大概是替他求職的介紹信，胡先生看過後，在談話中便把上述仙舟先生見　國父的經過說給他聽。可想而知，這位先生一定希望很高，一回國，就想做大官或求甚麼高級的職位，因此胡先生，特別把這一事實告訴他，暗示他要以仙舟先生為楷模。

這次，我在仙舟先生百年誕辰紀念特刊中，得讀余井塘先生的「中國合作導師薛仙舟先生百歲誕辰獻詞」一文，內有一段引述馮自由先生所著革命逸史初集，記載「甲辰（一九〇四年）孫總理至紐約，嘗約王寵惠、薛頌瀛相見，時撰一「告歐美人宣言書」等語，又讀陳果夫先生遺作「紀念薛仙舟先生」一文，得知當民國三年至五年之間，仙舟先生每天早晨七點鐘的時候，挾了書本到王亮疇先生家中教他與藹士先生及楊譜笙先生的德文。這兩段文字，都談及王寵惠(亮疇)先生與仙舟先生的交往，但語焉不詳。最近，我整理王亮老生前的各種文件資料，發現有一篇亮老哀悼仙舟先生逝世的文稿，是在民國十六年十二月十八日為舉行薛仙舟先生追悼會所寫的，似未在刋物中公開發表，即後來為亮老編印之「困學齋文存」，亦未見列入。但其中所說王亮老和仙舟先生，相知的深厚和關係的密切，恐為外間所鮮知，特略為補述，並供治史者的參考。

亮老學貫中外，道德文章，為世所重，其在法學方面之成就，與對黨國之貢獻，已為中外人士所共知。他與仙舟先生同是我的同鄉前輩，在我個人而言，可惜的是仙舟先生逝世得早，我未能及身親聆敎益；可喜的是亮老方面，我常得親謦欬，獲益良多。我認識亮老，最初是民國十八年，中國國民黨召開第三次全國代表大會，我被駐法總支部推選爲代表，返國參加會議，在會議期間，時有晤面，但尚無緣深談。至民國二十年我在瑞士日內瓦國際聯盟秘書廳工作，亮老被國際聯盟選爲國際常設法庭法官，赴任時道經日內瓦，我去拜會他，才親聆教益。後來我到海牙謁見，復蒙他帶我參觀國際法庭，一一爲我解說，使我獲益不少。到一九三六年我返國服務，亮老也正好辭去法官職務回國任職，因工作關係，我和他接觸機會較多，在制憲期間及後來制訂憲法臨時條款等，親見亮老的辛勞與貢獻，尤其亮老任行憲後第一任司法院院長時，我有機會常以有關五權憲法的問題，向亮老請教，得到他的指正與鼓勉，更使我得益不少，眞是受用不盡。

亮老在天津北洋大學堂習法律，二十歲以最優成績畢業，仙舟先生也在十六歲那年考入北洋大學堂讀法律，與亮老同學，而且相交甚篤。所以亮老悼仙舟先生的文中，先後有「與先生同硯席，又摯好，其生平事蹟，知之最稔。」及「三十年道德學問之交」等句語。其述及在校情形，特別提出當時北洋大學堂總敎習（今之校長）美國人丁家立(Dr. Charles D. Tenney)執行校規，極爲嚴厲，仙舟先生以其束縛過甚，私下常表不滿，認爲這是屬於專制，甚且故意違反某些校規以表示抗議。但總敎習因爲喜愛他的學業才識超越同儕，故只詐作不知，並不過問。從這一點，可見仙舟先生在學時便深得師長之欣賞與愛護。

仙舟先生是怎樣赴美國留學的呢？經過至爲曲折，據亮老文中所述，仙舟先生在北洋大學堂時，以清政日趨腐敗，維新之議繼起，他嘗領導同學，研究時務，主張改革政治以挽救國家危亡，但他並未因此而荒廢所學，結果仍以優等成績畢業。按當時規定，優等成績畢業的學生，照例可以獲得官費去美國留學，但不幸拳匪之亂適起，北洋大學堂被解散，使他不能成行，出國留學之事遂成泡影，在滿懷失望之下，他乃南返廣東。

仙舟先生赴粵時，以同學黎科由日返國，宣傳改革政治，爲清廷所忌而在武昌被害，他乃憤然與另一同學江爲善同謀革命，並將在惠州發難，不幸以機密外洩而被捕。審訊時，他自惴萬無生理，乃就革命救國的大道理，侃侃而談，了無懼色，並自認爲盛宮保（宣懷）的學生（北洋大學堂是盛宣懷所創辦的），主審的縣令聽他這樣說，一面佩服他的勇敢，一面懾於盛宮保的威勢而有所顧忌，竟不敢判罪，只略加訓誡，便將他釋放，仙舟先生乃幸免於難，他的勇敢和機智，實足令人欽佩。

這時，亮老得到南洋大臣的貲送赴美留學，正在香港候輪起程，不期與仙舟先生相遇，把晤之下，恍如隔世。仙舟先生得知亮老正候輪赴美，深以未得同行爲憾。亮老想到當時官費留美學生一共有八人，每月生活開銷，如果大家加以節省的話，是有贏餘的，這份贏餘，可以資助二人一同赴美就學，於是公議互推平素所敬服者兩人同行，仙舟先生便是其中之一人。仙舟先生因此得償所願，抵美國之後，認爲中國最大問題，卽在經濟困難，必使經濟有解決辦法，國家才可獲救，乃改習經濟之學，及後再赴德國深造，在學成歸國之後，致力領導合作運動，實在是有由來的。我想，亮老等當初以公費節餘而資助他得以赴美求學，有所成就，對於他後來專心致力合作運動，是不無影響的。

至於仙舟先生在德國這一段留學生活是怎樣過的呢？亮老文中也有描述。仙舟先生在美國力學四年，畢業後，仍以所學未足爲歉，乃轉赴德國攻習銀行與合作科學，但因爲困於經濟，乃從一以腐儒出身擔任歐洲留學生監督的蒯某，爲其襄理文牘，獲得一些報酬以爲生活上的補助。當亮老在柏林遇見他時，仙舟先生除詳告來德經過之外，並向亮老說明，從蒯某工作，係藉以微薄薪水來完成求學的宿願，實非甘心居此腐儒之下而供其使用。不久，蒯某罷職，仙舟先生仍留柏林，經濟又陷困境，只有在朋友賓步程的寓所裏寄食，由賓步程以一個人的費用，供作兩個人的開銷，其生活的艱窘是可想而見的，所以仙舟先生不得不親自做飯燒菜，有時甚至拿着一塊麵包，便去學校挨着饑餓來上課。在這樣的生活環境中，他專心一意地追隨德國當時頗負盛譽的經濟學大師滑拿（Wagner）苦學，不管風雨寒暑，無時或輟。同時，他又自願入德國國家銀行充任義務行員，以求實地練習，所以他的學業修養，遠在同輩之上。這種苦學精神，眞令人肅然起敬。

仙舟先生雖然對革命工作，貢獻不少，但在他學成返國後，未嘗一登仕版，其間曾婉辭
國父之重用，對其他方面的禮遇羅致，輒以服務社會即是服官，其收效或較做官爲大而一一推却，專致力於銀行及社會經濟合作事業。在他逝世的那一年，國民革命軍北伐節節開展，他喜見統一在望，曾苦心焦思起草了財政計劃書和社會經濟合作方案各一份，準備貢獻給當局採用，不

幸統一尚未完成，便賫志以歿，未能得展長才，眞是國家和合作界的一大損失。但他的苦學精神以及爲人做事的高風亮節，確實是青年人的典型模範而值得效法的。

最後，我謹錄亮老追悼仙舟先生文末尾的一段話，作爲本文的結語：「先生平生事蹟，讀書以造極爲功，制行以安貧爲本，無自贍之財力而不甘輟學，有可乘之遭際而不肯服官。艱苦卓絕，惟以服務社會爲唯一之天職，雖志願未酬，而精神不死，洵足以矜式國人，爲世則倣。至其居家孝友，律己貞廉，庸德之謹，猶餘事也。」

（民國六十六年十月）

滄海叢刊已刊行書目(四)

書名	作者	類別
歷史圈外	朱桂	歷史
中國人的故事	夏雨人	歷史
老臺灣	陳冠學	歷史
古史地理論叢	錢穆	歷史
秦漢史	錢穆	歷史
秦漢史論稿	刑義田	歷史
我這半生	毛振翔	歷史
三生有幸	吳相湘	傳記
弘一大師傳	陳慧劍	傳記
蘇曼殊大師新傳	劉心皇	傳記
當代佛門人物	陳慧劍	傳記
孤兒心影錄	張國柱	傳記
精忠岳飛傳	李安	傳記
八十憶雙親 師友雜憶 合刊	錢穆	傳記
困勉強狷八十年	陶百川	傳記
中國歷史精神	錢穆	史學
國史新論	錢穆	史學
與西方史家論中國史學	杜維運	史學
清代史學與史家	杜維運	史學
中國文字學	潘重規	語言
中國聲韻學	潘重規 陳紹棠	語言
文學與音律	謝雲飛	語言
還鄉夢的幻滅	賴景瑚	文學
葫蘆・再見	鄭明娳	文學
大地之歌	大地詩社	文學
青春	葉蟬貞	文學
比較文學的墾拓在臺灣	古添洪 陳慧樺 主編	文學
從比較神話到文學	古添洪 陳慧樺	文學
解構批評論集	廖炳惠	文學
牧場的情思	張媛媛	文學
萍踪憶語	賴景瑚	文學
讀書與生活	琦君	文學

滄海叢刊已刊行書目㈢

書名	作者	類別
不疑不懼	王洪鈞	教育
文化與教育	錢穆	教育
教育叢談	上官業佑	教育
印度文化十八篇	糜文開	社會
中華文化十二講	錢穆	社會
清代科舉	劉兆璸	社會
世界局勢與中國文化	錢穆	社會
國家論	薩孟武譯	社會
紅樓夢與中國舊家庭	薩孟武	社會
社會學與中國研究	蔡文輝	社會
我國社會的變遷與發展	朱岑樓主編	社會
開放的多元社會	楊國樞	社會
社會、文化和知識份子	葉啓政	社會
臺灣與美國社會問題	蔡文輝 蕭新煌 主編	社會
日本社會的結構	福武直 著 王世雄 譯	社會
三十年來我國人文及社會科學之回顧與展望		社會
財經文存	王作榮	經濟
財經時論	楊道淮	經濟
中國歷代政治得失	錢穆	政治
周禮的政治思想	周世輔 周文湘	政治
儒家政論衍義	薩孟武	政治
先秦政治思想史	梁啓超原著 賈馥茗標點	政治
當代中國與民主	周陽山	政治
中國現代軍事史	劉馥 著 梅寅生 譯	軍事
憲法論集	林紀東	法律
憲法論叢	鄭彥棻	法律
師友風義	鄭彥棻	歷史
黃帝	錢穆	歷史
歷史與人物	吳相湘	歷史
歷史與文化論叢	錢穆	歷史

滄海叢刊已刊行書目(二)

書名	作者	類別
語言哲學	劉福增	哲學
邏輯與設基法	劉福增	哲學
知識・邏輯・科學哲學	林正弘	哲學
中國管理哲學	曾仕強	哲學
老子的哲學	王邦雄	中國哲學
孔學漫談	余家菊	中國哲學
中庸誠的哲學	吳怡	中國哲學
哲學演講錄	吳怡	中國哲學
墨家的哲學方法	鐘友聯	中國哲學
韓非子的哲學	王邦雄	中國哲學
墨家哲學	蔡仁厚	中國哲學
知識、理性與生命	孫寶琛	中國哲學
逍遙的莊子	吳怡	中國哲學
中國哲學的生命和方法	吳怡	中國哲學
儒家與現代中國	韋政通	中國哲學
希臘哲學趣談	鄔昆如	西洋哲學
中世哲學趣談	鄔昆如	西洋哲學
近代哲學趣談	鄔昆如	西洋哲學
現代哲學趣談	鄔昆如	西洋哲學
現代哲學述評(一)	傅佩榮譯	西洋哲學
懷海德哲學	楊士毅	西洋哲學
思想的貧困	韋政通	思想
不以規矩不能成方圓	劉君燦	思想
佛學研究	周中一	佛學
佛學論著	周中一	佛學
現代佛學原理	鄭金德	佛學
禪話	周中一	佛學
天人之際	李杏邨	佛學
公案禪語	吳怡	佛學
佛教思想新論	楊惠南	佛學
禪學講話	芝峯法師譯	佛學
圓滿生命的實現（布施波羅蜜）	陳柏達	佛學
絕對與圓融	霍韜晦	佛學
佛學研究指南	關世謙譯	佛學
當代學人談佛教	楊惠南編	佛學

滄海叢刊已刊行書目(一)

書名	作者	類別
國父道德言論類輯	陳立夫	國父遺教
中國學術思想史論叢(一)(二)(三)(四)(五)(六)(七)(八)	錢穆	國學
現代中國學術論衡	錢穆	國學
兩漢經學今古文平議	錢穆	國學
朱子學提綱	錢穆	國學
先秦諸子繫年	錢穆	國學
先秦諸子論叢	唐端正	國學
先秦諸子論叢(續篇)	唐端正	國學
儒學傳統與文化創新	黃俊傑	國學
宋代理學三書隨劄	錢穆	國學
莊子纂箋	錢穆	國學
湖上閒思錄	錢穆	哲學
人生十論	錢穆	哲學
晚學盲言	錢穆	哲學
中國百位哲學家	黎建球	哲學
西洋百位哲學家	鄔昆如	哲學
現代存在思想家	項退結	哲學
比較哲學與文化(一)(二)	吳森	哲學
文化哲學講錄(一)(二)(三)(四)	鄔昆如	哲學
哲學淺論	張康譯	哲學
哲學十大問題	鄔昆如	哲學
哲學智慧的尋求	何秀煌	哲學
哲學的智慧與歷史的聰明	何秀煌	哲學
內心悅樂之源泉	吳經熊	哲學
從西方哲學到禪佛教 —「哲學與宗教」一集—	傅偉勳	哲學
批判的繼承與創造的發展 —「哲學與宗教」二集—	傅偉勳	哲學
愛的哲學	蘇昌美	哲學
是與非	張身華譯	哲學